多読術

松岡正剛 Matsuoka Seigo

★——ちくまプリマー新書

106

目次 * Contents

扉・章題ドローイング 著者

第一章　多読・少読・広読・狭読

セイゴオの本棚

――いま、本格的な読書方法論が待望されています。一部では「読書立国」も訴えられています。そこで、そのような方法を実践されているとおぼしい松岡さんに、セイゴオさんと呼ばせてもらいますが、そのあたりの話を「多読術」を軸に伺いたい。

ぼくにとっては「多読」と「少読」はつながっています。本質は同じです。少読がしだいに多読になるわけではなく、多読によって少読がより深まるということもありうるわけで、そこが読書のおもしろいところだと思いますね。

また、「粗読」と「精読」を比較して、いつも精読のほうが読書力が深まっているともかぎりません。それとは逆にひょこひょこと読む「狭読」が底辺を広げて読む「広読」を妨げているということもなく、読書っていろいろな方法によって成立しうるんですね。

ところが、いちばん厄介なのは、読書のプロセスは外からなかなか覗《のぞ》きにくいということなんです。マルセル・デュシャンは、「人が何を見ているかは見えるが、人が何を聞いているかは聞こえない」と言ったけれど、「人が何を読んでいるかはわかっても、人がどのように読んでいるかはわからない」といったところがあるんです。

――読書の量とジャンルの広さと読みこみの深さに驚きました。

世の中に酒豪とよばれる人がいっぱいいるように、読書家や多読家はたくさんいるものです。本豪ですね。井上ひさしさんなどは別格としても、著述家には驚くくらい本を読んでいる人がいて、身近にもぼく以上の読書家はけっこう多い。そういう人って、ふだんはいろいろな仕事をしているんだけれど、やっぱり本が大好きなんです。主婦にも多い。

ぼくのばあいはそうした読書体験を、たまたま「千夜千冊」などとしてウェブに書きましたから、そう思われているだけでしょう。ふつうは、どういうふうに読んだかって、他人にわからないですからね。飲みっぷりは見えるけど、本豪の読みっぷりはわからない。

――のちにあらためて伺いますが、「千夜千冊」は体験記ですか。

そうですね、書評じゃありませんね。だから批評をしたいわけじゃない。ぼくが読んできた本や新たに読んだ本の共感体験の内容を案内したものです。まあ、旅行感想記のようなもので、道中の出来事と投泊先のことを同時に書いている。ドナルド・キーンさんに『百代の過客《かかく》』という本がありますが、読書というのはまさに百代の過客となることです。

――セイゴオさんにとって、そもそも本って何ですか。

初手から直球ですね。本というのは、長い時間をかけて世界のすべてを呑《の》み尽くしてきたメディアです。ギルガメッシュの神話から湾岸戦争まで、カエサルから三島由紀夫まで、ラーメンから建築まで、金融危機からサッカーまで、みんなみんな、本の中に入っている。むろん日記も手紙も小説も見聞記も、楽譜も写真も映画のシーンも名産品も、本になる。

これって不思議ですよね。本の中に入らなかったものって、ほとんどないんじゃないでしょうか。しかも本は知識や主題ばかりでできているわけじゃない。たとえば「しまった」とか「ふわっとしたこと」とか「無常感」とか「もったいなさ」とか「ちょっとおかしい」も本になっているし、「くすくす笑い」も「失望感」も、「研究の苦難」も「人々の絶叫」も、「近所の風景」も「古代の廃墟」も、みんな、みんな本の中に入ります。こんなメディア・

パッケージはほかにない。ウェブなどまだまだ勝負になりません。

誰も数えたことはないでしょうが、世界の本の総体は圧倒的な文字量になっています。文字量が多いということはさまざまな「言葉」と「意味」がたくさん飛び交っているということで、もしも人間と動物を決定的に分けているのが「言葉」と「意味」だとすれば、やはりすべての人間的なるものの源泉は、その大半が本の中にあるといっていい。

ぼくは、そのように本を見ているので、読書をしようとして読書量をふやそうとしたのではなくて、そういうふうに記憶され、記録されてきた世界とつきあっているうちに、だんだんジャンルも広まったにすぎないんです。

――それにしてもこの仕事場（赤坂稲荷坂の編集工学研究所と松岡正剛事務所の四階建て）には、きっと数万冊がありますね。聞けばほとんどがセイゴオさん自身の蔵書だという。自宅にも別の蔵書があるんでしょうか。

ここの本たちはもはや書棚をはみだしています。数えたことはないけれど、五、六万冊くらいかな。もうゲンカイです。そろそろ引っ越しですね。

自宅のほうはおもに文学系や青春期から読んできた本が置いてあります。二万冊くらいで

編集工学研究所の書棚の一部

しょうか。実は三十年ほどずっと職住一体の生活仕事空間にいたので、そのころは本も人も犬も猫も一体だったのですが（笑）、仕事場を独立させるようになってからは、ちょっと様子が変わってきた。

　蔵書家ってつねに収納に悩みますね。でも、これは最初は武田泰淳《たいじゅん》さんに、次に松本清張さんに聞いたことですが、本が溢《あふ》れてきたからといって書庫を作ってしまうと、急に本を読まなくなるんだという。「読む」のじゃなくて「調べる」になるらしい。それでゼッタイに書庫にするのはやめようと思った。だって本って、実は背表紙の並びを見ているときから読みが始まっているんです。

――しかし本は眺めるだけでなく、読む必要がありますよね。となると、たくさんの本を読むのはたいへんです。どういうふうにしているんですか。

その話はおいおいしていきますが、まず言っておきたいことは、「読書はたいへんな行為だ」とか「崇高な営みだ」などと思いすぎないことです。それよりも、まずは日々の生活でやっていることのように、カジュアルなものだと捉えたほうがいい。たとえていえば、読書は何かを着ることに似ています。読書はファッションだと言ってもいいくらいだけれど、もっとわかりやすくいえば、日々の着るものに近い。

われわれは子供のころから、たくさんのものを着てきたし、また脱いできましたね。本だって、着たり脱いだりするものなんです。そこにはパンツもあれば背広もあるし、学生服やセーラー服もある。セーターには色がついていて、肘《ひじ》が破れることもある。本もそういうもので、着脱《ちゃくだつ》をくりかえしていく。とくに特別の行為ではないんです。

だいたい私たちは、ふだんみんなと会話をし、小学校で教科書を声を出して読み、新聞も週刊誌もさっさと読んでいる。これをリテラシー、すなわち読み書き能力というわけですが、このリテラシーはいまやだいたいの人に備わっている。そうしたなかで、本だけをあまり特別視しないほうがいいんです。ジャケットを着たりジーンズを穿《は》いたりするように、本と接したほうがいい。

ということはね、本は一冊ずつ、一冊だけを読んでいるんじゃないっていうことです。ジーンズの上にシャツを着たりセーターを着たりジャケットを着たりするように、自分のお気にいりのジーンズ・リテラシーの上にいろいろ本の組み合わせを着たり脱いだりすればいいんです。

本は二度読む

——では、ここからは少しずつ順に聞いていきますが、まず「千夜千冊」をウェブ上で書き始めたことについて、その概要を聞かせてください。

本についての感想を二〇〇〇年からウェブ上の一隅に毎晩書き始めたわけですが、きっかけは編集工学研究所で「編集の国」というウェブサイトをつくったとき、ぼくが毎日続けられるものは何かなと思って、本のことなら、まあなんとかなるだろうと思ったからですね。

「編集の国」は、いまは「ISIS《イシス》」というサイトになっていますが、もともとそこでは「千夜千冊」と「イシス編集学校」がスタートを切っています。

そのとき「千夜千冊」を綴るにあたって、書評や批評にはするまいと決めた。それ以外にも、ちょっとしたルールをつくりました。土日はお休みにして、一日一冊ずつ、一人の著者につき一冊だけ選ぶというふうにした。そのうちすぐに、同じジャンルのものを続けないとか、同じ出版社のものを続けないとか、いろいろ縛りをつけてみた。書く分量は最初は少なかったのですが、だんだんふえてきた。三〇〇冊以降はだいたい一夜で四〇〇字の原稿用紙十枚から十五枚ですかね。ただし、タイトルを「千夜千冊」にしたのは、自分の首を縛ってしまいましたね（笑）。いまだにその縄から抜けられない。

――縛りをつけたのは、なぜですか。

あとでも話しますが、読書って二度するほうがいいんです。同じ本をね。というのは、読書にはその本のこととはべつに、いつ読んだのか、どんな気分で、どんな感受性のときに読んだのかということが、密接にかかわっている。道中《どうちゅう》がくっついている。宿泊先の枕の感触もくっついている。読んだ本の感想を書くには、このことを無視できない。

ところが、過去に読んだ本を次々に選んで書こうとすると、その本の内容の説明や案内や批評になりかねないんですね。無個性になるとは言わないけれど、思い出のアルバムみたいな平均的なブックガイドになったり、またそれを避けようとすると、逆に過度に思想的な書評になってしまうんです。

そうではなくて、その本について「今日のこの日」に書いているのだから、初読当時の感想を今日の時点からあらためて眺める視線が必要です。この時間と空間をまたぐ視線が、意外に読書力に必要な視線でして、それには、その本を「今日の時点」でも感じる必要があるわけです。

だから、その本を現在時点でも読んでみるようにした。再読です。まあ、昔のソースせんべいやタマゴ焼きと同じ味だったかどうかを確かめるわけですよ。そうすると、たいていはそこには「開き」がある。かなりの「開き」です。「溝」といってもいいでしょう。まったく印象がちがっていたということは、しょっちゅうある。けれども、その「開き」こそはたいへん重要なもので、ぼくの経験では読書の本質にかかわるようなことが少なくない。さっきの時間と空間をまたぐ視線が大事であったことにも気がつかされる。

というわけで、ある一定の時期に読んだ本ばかりを選んでいくだけでは、ついつい「高校時代の読書感想報告」みたいなものになってしまうんです。
　そこで、あえて縛りをかけることにした。一人の著者につき一冊だけというルールにしたのも、同じジャンルのもの、たとえば生物学関係の本を続けないとか、時代小説を続けないとかも、そのためだった。あとは、わざわざその本を「千夜千冊」に選んだのだから、批判をしたり文句をつけないということですね。本にケチをつけるのは、実はかんたんです。でも、それはしないことにした。

――二度読まないと、読書はホンモノになりませんか。

　そうですね。「千夜千冊」で書いた本はほとんど再読しています。その効果についてはいま言いましたが、そのようになったきっかけは、読んでいるのに中身が思い出せないものがたくさんあったからですね。
　自分でその本を読んだのに、いざとなると語れない、思い出せない、思い出しても一部しか思い出せない、あるいは勘違いしていたりトンチンカンに憶《おぼ》えていたりするということも多々あったからです。「あれって、何だっけ?」と思い、もう一度読むと、ちゃんと読んだつもりが全然読めていなかったということが何度もあった。そのうち「本は二度以上読まないと読書じゃない」という強い感想をもったわけです。

それでも、蕪村《ぶそん》や漱石《そうせき》やカフカやドストエフスキーなど、一回読んだからいいやということのほうが多かった。とくに小説はね。それがあるとき、再読してみたらまったく異なる印象をうけた。そういう最初のきっかけは露伴の『五重塔』だったかな。次に漱石、それからはしょっちゅうですよ。カフカの『変身』なんて、読みなおしたら、全然ちがっていた。グレゴール・ザムザが変身した毒虫の全体の姿なんて書いてない。異様な脚の描写だけなんです。こういうことって、よくあります。

けれども、何か自分に大きな動機を作らないと、二度、三度とは読めませんね。再読や重読はできない。そこで「千夜千冊」では、あえて自分をそういうところへ追いやった。

一方、再読してみてがっかりして、方向を転じるということもある。「千夜千冊」で島崎藤村を書こうと思ったとき、最初は『破戒』にしようかと思ったのですが、どうも乗れなかった。初読時の新鮮さがなかった。そこでふと『夜明け前』をもうちょっとちゃんと読みたくなった。なぜ藤村が父親のことを書こうとしたのか、そこを読み返してみたくなった。そうしたら、『夜明け前』は明治維新批判だった。日本の「おおもと」を書いていた。そういうふうに読みなおすことも、たくさんあります。

カポーティの処女作『遠い声遠い部屋』は、高校生のときに読んでいたのに、その後の『冷血』などの印象が強烈だったため、すっかり中身がすっとんでいた。そこでカポーティの原点を知りたくなって読みなおしたんですが、何も高校時代に読んでいなかったことが如実にわかりました。あれは最初の十数ページをちゃんと読まなければいけなかったんです。

——二度読むことと、たくさんの本を読むということはべつのことですよね。多読はどうしてできるんですか。

多読って、単一な方法でたくさんの本を貪《むさぼ》り読むというのではないんです。べつだん本の大食いになるわけじゃない（笑）。たんに速読に頼るわけでもない。もっと内側の機能をいくつも動かすんですね。スポーツ選手がいろいろの筋肉を動きやすくするように、読書のための注意のカーソルの動きを多様にする。これはスポーツ選手がエクササイズをするときに、ベンチプレスばかりしないとか、腕立て伏せばかりにしないことと似ています。

——運動選手の各部が動くように、いわば「読書筋肉」のいろいろなところを動かすわけですか。

読書ってアスリートみたいなところがあるんです。多読はしかも、百メートルとか四百メートル競技というより、十種競技のようなところがあって、ゲームのルールもちがう。だから、ほっておけばカラダがなまるように、アタマもなまる。

エクササイズやストレッチは、どうしても読書にも必要です。そのためにもいろいろな本で試していく。それが多読です。練習していれば、なんとかキレが保てます。ただアスリートとちょっと異なるのは、年齢に相応した読みが可能なところでしょうか。

たまには違ったものを食べてみる

――それにしてもずうっと読書感想を書き続けるとは、ものすごいです。二〇〇〇年二月二十三日の中谷宇吉郎の『雪』から始めて、二〇〇四年七月七日の『良寛全集』までで、千夜千冊ですね。ところがそのあともフォーマットを変えて、今日の時点(二〇〇八年十一月二十六日)で一二七四夜になっている。しかも途中では、大きな編集と加筆を加えて、全7巻(別巻1)のとんでもない全集にもなりました(求龍堂)。それが十万円前後の価格なのに三五〇セット以上も売れたようですね。

あれには、ぼくも驚きました。一冊ずつが一〇〇〇ページ近くて、ものすごく重い。記念品になったんじゃないでしょうか（笑）。

——ウェブ「千夜千冊」のアクセス数もウナギのぼりのようで、あっというまに一〇〇万アクセスを超えました。このような書物に対しての集中力と持続力は、どこからくるんですか。

それはたとえば、植物をスケッチするとか、昆虫を採集しておもしろがるということにも通じることで、おもしろいからですよ（笑）。植物であれば、世の中にはキリなく植物があって、年々歳々、多年草も一年草も出てくる、大樹のようになって樹齢百年の大木としてそこにありつづける樹木もあるし、苔《こけ》のような地を這《は》う植物だってある。でも、それらをちょっとずつスケッチをしたり、観察をしたり、写真を撮っていれば、そこに大小無数の微妙なちがいがいっぱい感じられます。

本にも、植物と接するのと同様の多彩多様な世界があって、いったんそういうものに触れると、やめられない。むろんそこには「変な本」もまじってくる。新種も出てくる。これを続けていくと、植物との仲もうんとよくなってくるんですね。そうすると集中もするけれど、持続することのほうが気分転換にもなるんです。読書だって同じことです。

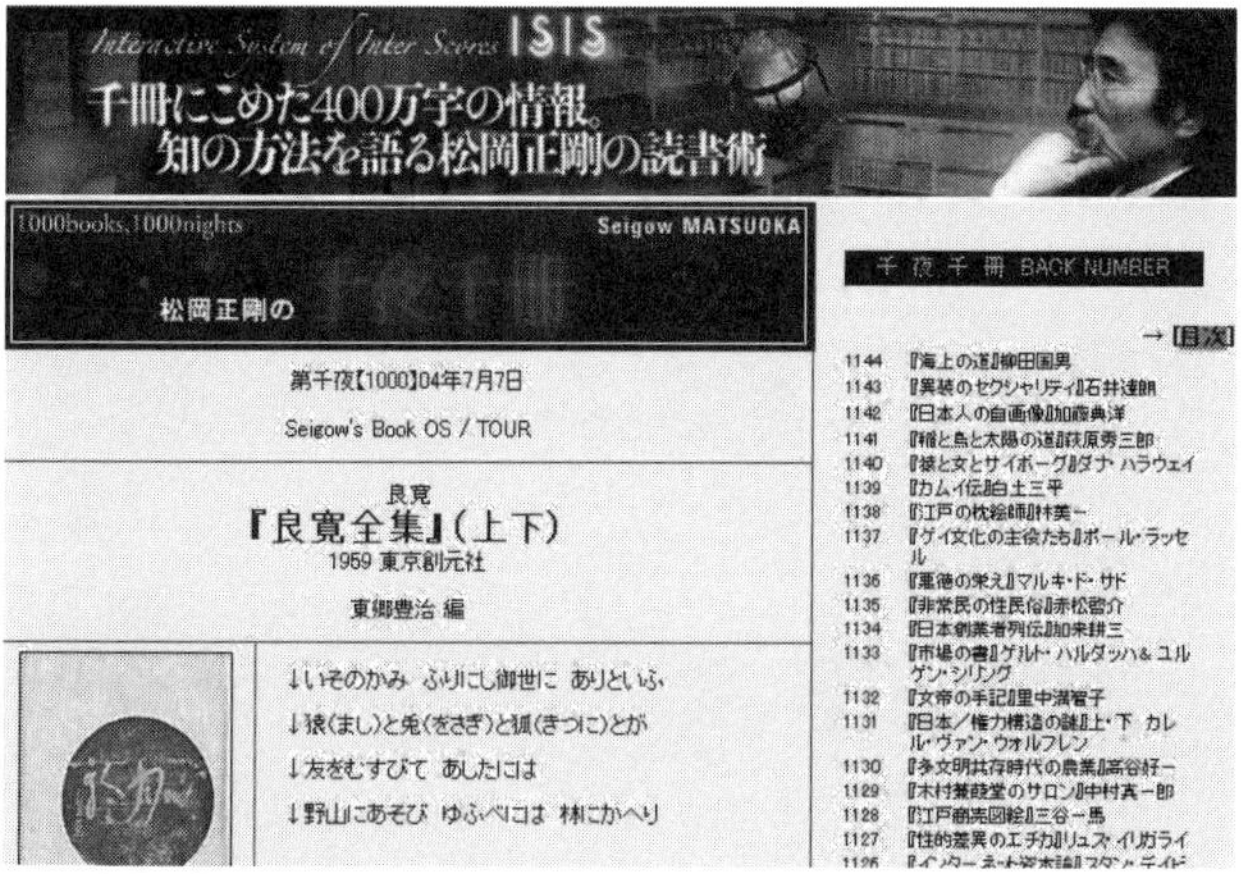

ウェブ「千夜千冊」

――気分転換でたくさんの本に向かえるんですか。

そこが出発点です。気負っていても本はカラダになじんでくれない。世の中にいろんな食べものがあるように、本は食べてみないとわからない。毎日毎日、すごい数の本が街の書店に並び、図書館にもすごい数の本があるけれど、世界中の食材と料理の数を見て、その数に驚いて食べるのをやめる人がいないように、本と接するというのは、とてもフィジカルなことなんです。

と、同時にむろんメンタルでもある。それは食べることがフィジカルで、かつメンタルでもあることに似ています。食欲とはそういうものでしょう。気分次第で「おいしさ」は変わる。

量も変わる。だから読書も、いわば「食読《しょくどく》」のようなものなんです。

食べることが出会いでもあるように、読書も出会いです。たとえば、町のふつうの図書館だとだいたい五十万冊くらいあるでしょうか。なかで自分の目に触れるものはごく少ないとしても、ちょっとデパ地下でつまみ食いをするように、その本の味は確かめられる。

こうした食生活のように、自分のなかの「食読バラエティ」とでもいうものに、やや忠実に従ってみる。ぼくはそういうふうに本を読んできたのだと思う。そういう気分で、本を読む。本に触れる。本を感じる。つまりちょっと「食読」をするわけです。

ぼくはコンビニでは、鮭《さけ》とタラコのおにぎりを買うことがいちばん多いのだけれど（笑）、でもツナマヨのおにぎりも、照り焼きや赤飯のおにぎりも、何度か食べています。では、そういうことを忘れているかというと、誰だってそうだろうけれど、案外おぼえている。本も同じことで、そういう食読感覚は忘れない。問題は、それを「読書はたいへんな行為だ」と思いすぎないことです。読書についても、ちょっとフィジカルで、ちょっとメンタルな日々の行為のひとつに感じられるかどうか、そこだけです。

――それは本を読むことを日常化することですか、それとも意識化することですか。

両方ですね。その前に、読書能力やリテラシーに自分で区別や差別をもうけないということが大事です。たとえば雄弁と訥弁《とつべん》に人格の差異をつけるより、それぞれにふさわしい会話能力があると見たほうがいいように、読書にもさまざまな「好み」や「癖」があったっていいんですね。立派な読書はこういうものだなんて、決められないと思ったほうがいい。

ただし、自分がしている読み方や感じ方については、ちょっとばかり気にするといい。ぼくの読書方法に特徴が芽生えたときがあるとしたら、それは、ひょっとしたらそういうことを気にとめたり、心にとめたり、味をおぼえておこうとしたり、特徴をメモしておこうとしたりしたことでしょう。

そういうことを、ツナマヨのおにぎりの本として、また、穿きやすいジーンズの本として気にとめた。それと同じことを本にも感じるようになっていったということです。それは最初から意識化というほどのものじゃなくていいんです。「ツナマヨっていうのを食べたよな、あれってどういうものだったっけ?」というふうに、ツナマヨというものを少し気にしたということです。

それって、子供のころのソースせんべいやタマゴ焼きの味と同じで、誰だってストックされていく体験です。本だってそんなものなんです。一冊の本はツナマヨなんです(笑)。

生い立ちを振り返える

――読書量の多さはセイゴオさんの生い立ちに起因していますか。

さあ、はっきりはわからないけれど、いまからふりかえると、いろいろのことが関係しあっていると思います。

ぼくの両親は父が呉服屋で、母も京都の老舗《しにせ》の呉服屋の娘で、両親とも商人育ちでした。学者でも文人でもありません。母は女学校のころからラジオドラマコンクールで優勝したり、母の兄が日本画家だったりして、そういう趣味の持ち主ではありました。

父は商人で、いわゆる「旦那衆《だんなしゅう》」だった。京都新聞の社主や京都の商家の、いろんな人たちとグループを組んで遊んでいて、祇園《ぎおん》や先斗町《ぽんとちょう》や上七軒《かみしちけん》の遊びはむろん、歌舞伎・落語・相撲・新派といった「ちびタニマチ」をしていましたね。芸人たちをとても大事にする人だった。しかも当時の遊びというのはけっこう文化的で、知的なものだったんです。南座で「顔見世」がある季節になると、先代の中村吉右衛門が悠玄亭玉助といった声色師《こわいろし》を連れて遊びにくる。そうすると、みんなで句会をしたり、「文化番付」などを作って遊ぶ。そういう環境のなかに父も母もいた、来客に対して何かをもてなすことが大好きだった。

そういった環境にあったので、家にはまず歌舞伎や新派の本がけっこうありました。新派だと久保田万太郎や北条秀司の本とか、歌舞伎だと郡司正勝や武智鉄二や三島由紀夫や利倉幸一の本。それから、先代の吉右衛門の俳句の句集も並んでいた。吉右衛門は俳句の名人でした。

実は父も母も俳句を作っていたので、俳句全集のたぐいも揃《そろ》っていて、父は好きな句に鉛筆で乱暴な印をつけていましたね。母は嫌がっていましたけど（笑）。そんなことで、当時の家にあった本は、全部で二千冊あるかないかくらいだと思う。けっして蔵書が多い家ではなかったです。それに母は蔵書家ではなく、自分の好きな本をきちっと読むタイプで、だいたい小説が多かった。幸田文、有吉佐和子、水上勉《みずかみつとむ》が好きでしたね。

母は文芸少女で、府立第一女学校、通称「府一」という京都のなかでも有名な女学校の出身でしたが、いったんよその家に嫁いでゆけば、その家で自分の趣味を通したり、喋《しゃべ》ったりということはしません。父が箸《はし》をとらないかぎりは、家族も箸をとらないという家でしたからね。そういうしきたりの家だったので、母はあまり自分の才能を見せない。でも、微妙な感覚、微細なもの、京都という文化、そういうものにとても通じていたと思う。季節感も、習慣も、花の色も、季語や歌語に関しても、たいへん詳しかった。

まあ、総じていえば、ぼくの家のなかでは本の位置は香ばしいものでした。

——そういう本を少年セイゴオも読むんですか。

ちゃんと読むわけじゃないですよ。でも中学校のころから、ちょっとずつ見るようになった。本が家の中にあって、父も母も本を大事に読んでいるのがよくわかったので、それって子供ごころにもなんだか羨《うらや》ましいものなんです。

家には買った本ばかりでなく、いろんな人が持って来られた本があって、その本には「献呈」の言葉が入っていたり「署名」が入っている。「蔵書印」が捺《お》してある本もある。なかには、そのご本人がぼくの家に来ている人もいたわけだから、つまり実際の著者が自分の書いた本を、ぼくの家に持って来ているわけですね。いわば実物が家に出入りされている。そうすると、「あ、この人があの本の著者なんだ」という見聞がぼくにも残るんですね。これって、本の不思議のひとつなんです。

いまでも、書店で著者のサイン会がよくありますけど、ふつうは著者と読者ってうんと離れている。そこが近づくとちょっと嬉《うれ》しい気分があるんですね。そのように、書物には「人」がくっついているわけです。

これは、その後、ぼくも工作舎という小さな出版社をおこすわけですけれど、つまり編集者にもなったわけですが、それで「本と人」というもののつながりに実際に入ってみて、やっぱりとてもおもしろいことだと思いましたね。とくに初期に武田泰淳さんの家に出入りしたことが大きかった。書庫にも出入りさせてくれた。そこで深沢七郎が作ったお味噌《みそ》なんかを貰《もら》う。あの深沢七郎の味噌ですよ。感動しました。やっぱりね、「本は生きている」んですよ。

第二章　多様性を育てていく

母からのプレゼント

――実際の読書人生はどのように始まりましたか。また、最初に心に刻まれた本は何でしたか。

おそらくみんなと同じですよ。幼いころは絵本を与えられて、それからだんだんといろんな文字が読めるようになってきて、めざめるわけです。母がサンタクロースしていたようですが、クリスマスの夜明けにはたいてい二、三冊の本がきれいな包み紙にリボンをつけて、枕元においてありました。

絵本以外で初めて買ってもらった一冊目の本は、石井桃子さんの『ノンちゃん雲に乗る』ですね。ちょうど漢字をちょっとずつ読めるようになった小学校三年生くらいのころで、その本は総ルビの本だったのですが、そういうこともあってか、難しい漢字が入っていても抵抗なく読めた。

あの『ノンちゃん雲に乗る』は、ひょうたん池に空の雲が映っていて、「あの雲にのりたいなあ」と、水面に映った雲の世界にノンちゃんが入っていくというお話です。実際には、ノンちゃんはひょうたん池に落っこちて、溺《おぼ》れているところを助けられ、布団の中で夢うつつになって見ている、その一瞬の夢の物語です。

冒頭で、お母さんが「トントントントン」と、朝のお味噌汁《みそしる》の用意をしている。「ノンちゃんおきなさい、おきなさい」と、お母さんの声が聞こえる。「トントントントン」という音と、「ノンちゃんおきなさい、おきなさい」というお母さんの声と、お味噌汁のいい匂いが朝の日差しのなかで香ってくる。その冒頭の場面が、母がぼくに『ノンちゃん雲に乗る』を贈ってくれたというその母のやさしさと結びついていました。

ちなみにぼくはものすごい晩生《おくて》で、実際に女性を知るのは大学三年くらいまでかかるのですが（笑）、そのぶんだかどうだか、小さなころから女の子にお節介されていた。幼稚園時代にヨコシマタカコちゃんに憧《あこが》れたりもするのですが（笑）、その子はすごくお節介で、すぐに、「セイゴオちゃん、それはダメよ」と戒《いまし》める（笑）。そういうせいもあって、女の子って「変だな」と思っているとき、ノンちゃんはとても理想的に見えた。

これも不思議なことですね。ノンちゃんは本のなかの主人公なのに、実在感があるわけですから。

それで、『ノンちゃん雲に乗る』をぼくがおもしろがっていたことが、母にわかったのだと思う。そのあと母は壺井栄《つぼいさかえ》を買って来てくれた。それは『二十四の瞳《ひとみ》』ではなくて、『母のない子と子のない母と』という本です。どうも母は、ぼくのマザコンみたいなものがわかっていて、それを煽《あお》っていたふしがある（笑）。壺井栄の本は何冊も読みました。

それからは偕成社や講談社や岩波の「少年少女名作全集」がしばらく続きます。『巌窟王《がんくつおう》』『ああ無情』『探偵ホームズ』『三国志』っていった有名どころですね。これは挿絵もたのしみだった。ルビもついていた。しばらく続けざまに、そういった本を読んでいました。


――やはり幼少期の読書体験は大きいですか。


むろん大きいんですが、子供時代にたくさん読んだからどうこうということではないような気がします。母のクリスマス・プレゼントの本なんて、一年一回に二冊ずつだから、これはむしろ「何に出会ったか」ということです。

というのも、そのあと母が何気なく買ってくれる本もクリスマス・プレゼントのように嬉《うれ》しくなるんですね。ドキドキするものだった。それはちょうど何か、「朝顔の季節に朝顔が咲く」「ほおずきの季節にほおずきが家に届いた」というような、何か母がもたらす本が自分の季節感にあった感じがしたものです。

一方、ぼくは京都の修徳小学校というところで、吉見昭一先生というすばらしい先生に教えてもらうんですが、この先生は、授業でよく本の話をしてくれた。ソクラテスとか『太閤《たいこう》記《き》』とかです。また、本を自分で買うということを勧めた。「自分で買ってきた本を学級文庫として教室に置いてよろしい。その本代は学級費から出してあげる」という。

近所の大喜《だいき》書店という本屋さんが指定されていて、自分でクラスに持っていく本を決めていいんです。こうして「この本を選んで学級文庫に入れよう」ということが、小学校五年くらいから始まった。自分で買った本が学級文庫のガラスの棚の中に入る。それは自分の蔵書になるわけではないけれど、自分が買ったものをみんなも見ると思うと、気持ちが妙に弾みます。これも本と親しむにあたって、とても大きかった。

さらにもうひとつは、これも「本と人」のつながりに関係がある話ですが、ぼくは五年の後半から小学校で図書委員にさせられたんです。そうすると図書室の閲覧カードに読書の履歴を見ることになる。閲覧カードを見ると、たくさんの人の名前が書きこんである。いろんな人が一冊の本をいろいろな時期に読んでいる。何月何日に、その一冊の本を読んだということが書いてある。ぼくの小学校の修了年度は昭和三十一年（一九五六）ですから、その前の世代の生徒たち、昭和二十年代や戦中戦前の生徒たちの記録がずうっとそこに残っているわけです。昭和十六年六月十二日、『エミールと探偵たち』、昭和八年三月四日、『若きウェルテルの悩み』ということが、そこに残っている。筆跡も残っている。

これがすごく不思議だった。一冊の本にえんえんと「クロニクル」がくっついているわけですからね。読者という一人ひとりの個人が、その一冊の本にはくっついている。そういう印象を小学校の高学年のころに感じたことも大きかったですね。

親友に薦められた『カラマーゾフの兄弟』

――小さなころから本が好きだったんですね。

やっぱりそうなるのかな。ただその好きな感じというのは、たんに読書に溺《おぼ》れるというのじゃないような気がしますね。

本というものには誰かがそれを書いて、それがなんらかのしくみで世の中に出て、それを誰かが実際に読んだりしている。ぼくのばあいは、そこに加えて、誰かがその本を大事にしているとか、本を贈ってくれるということが鮮やかに関与したわけですね。また、学級文庫では、ぼくも自分が選んだ本を誰かに見せられるのだという体験をした。そういう本と人とのかかわりの豊かさということは閲覧カードにも、みごとにあらわされていた。

ということは、本にはたくさんの「人の出入り」があるということで、そこを含めて本が好きになっていったんだと思います。これは、当時は映画ビデオもなくラジオでもあまり音楽番組なんてやっていませんから、映画が好きになれば映画館に出入りするしかなかったわけだし、音楽が好きになればレコード屋さんに出入りするしかなかったのと同様、つまり映画や音楽にもいろいろな人がかかわっていることを感じられたのと同様に、本を知るには本屋さんか図書室か、本を知っている人に出会うしかないんです。そのため、本には「人」がかかわっていることを受け入れられたわけですね。

そういったことが一冊の本から見えたり、感じられたりした。その後も、ぼくは個人の楽しみでする読書というよりも、人とかかわりながら本を読んできたと思いますね。

実は、ぼくは自分の本を蔵書したいと思うようになるのはけっこう遅いんです。長らくおカネがなかったということもありますが、それよりも本というのが世の中の痛快な交差点になっているという印象を強くもっていたから、それこそ書店でも図書館でも、おおいに本と交流できてきたという実感がありましたね。

――最初のころから、本は着るものだったり、食べるものだったんですね。

あくまで基本はそこです。たとえば洋服なら、同じ洋服が何着も世の中に出ているけれど、その服を買ったら着るのは自分、その人だけが着る。本も同じ本が世の中にたくさん出回っていて、その一冊を読む。そうすると、そこには洋服を着た感じと同じような独自なものが生まれるわけです。でも、洋服自体は世の中の人々の広がりのなかにある。

問題は、そのことを洋服の着脱感覚のようにカラダで微細に感じられるかどうか。また、洋服ならたいてい組み合わせやコーディネーションで着るでしょうが、本もそういうふうに組み合わせで楽しめるというふうに感じられるかどうかです。

――青春時代の読書はどんな感じだったのですか。

とくに読書量がふえたということはないと思います。ぼくは父の都合で京都から東京に移り、九段高校というところに行くことになったんですが、そこで新聞部に入った。それは編集者やジャーナリストに憧れたからで、読書するというより、書くことや世界を知ることのほうに関心があったわけです。

その新聞部、正確には「出版委員会」というクラブですが、そこにはぼくよりずっと読書量が多い連中がうようよいましたね。女生徒では驚くほど世界文学や日本文学を読んでいる子がいたし、のちにＪＩＣＣという出版社をおこして「宝島」を創刊した石井慎二という三年生は、びっくりするほどミステリーやアメリカ文学に詳しかった。

それから高校二年のときに六〇年安保があって、九段高校にも「青桐会」という活動体ができるんだけれど、ここにはマルクスやレーニンやエンゲルスを読む者、それから野呂栄太郎や大内兵衛のファンがいましたね。

――で、セイゴオさんはどんな青春読書を？

やっとこさ、青春の文学や哲学にめざめていったというところですよ。それもいろいろ読んでいったというより、二つ、三つの体験がきっかけになって、急速に読むようになったんです。

その話からしますと、高校の修学旅行で四国へ行ったときに、当時の宇高《うこう》連絡船に乗ってそこから見た瀬戸内海の塩飽《しわく》諸島があまりにもきれいに見えたのですが、いったいそのような美しさに感動するというのはどういうことだろうかということを、そのとき初めて考えたんです。

あまりにも美しかったので、修学旅行から帰ってきてその美しさと感動について、友だちにいろいろ喋《しゃべ》りはじめた。ところが「あれ、きれいだったね」と言っても、みんな何の反応もしない。「ああ、そうね」というくらいでね。ぼくもその感動の現象や根拠について喋れない。

そこで、教会に行ったんです。九段高校は飯田橋の駅から十分ほどのところにあるんだけれど、その駅と学校のあいだに富士見町教会があって、ふだんの通学時にいつも気になっていたんですね。「なんとなく風情があるな」くらいにしか思っていなかったのですが、あるときふっとその教会に入って行って見る気になったんですね。富士見町教会というのは、明治の植村正久が牧師をしていた有名な教会です。植村は明治キリスト教の大立者で、海老名弾正や内村鑑三と並ぶキリスト者です。

で、「瀬戸内海の風景がこんなにきれいで、ドキドキした。どうしていいかわからなくなるのはなぜでしょうか?」というようなことを、牧師に訊《き》いた。その牧師さんはとても興味をもってくれて、「それはいいことを感じた」というようなことを言う。「わかる、わかる」という感じでね。それは、その牧師の人柄か、教会のせいか、キリスト教のせいかわからないけれど、なんとなくぼくを包んでくれる。それで何度か通うようになるんですが、そのうち、話はキリスト教や『聖書』の話になっていく。でも、どうしても何かが違うなという気がしていた。

このとき、ぼくは初めて『聖書』もキリスト教関係の入門書も読むんですが、そのときのぼくの疑問に答えてはくれないことを感じた。読書って、そうやって疑問に発して読むときもあるわけです。疑問があったから本も読めたということです。しかしピンとこなかった。

――なるほど、そういう「疑問エンジン」による読書法もあるということですね。

でも、まだ「本から本へ」などという転身や躍進は、当時のぼくにはないんです。それで今度は禅に向かった。これも偶然でね。

ちょうどそのころカメラが好きになっていて、何かを撮りたいなと思っていまして、鎌倉に通い始めたんですね。鎌倉は禅寺がすごく多い。その雰囲気が非常に威圧的で、拒否的で、しかしなんだかやけに深そうに見えた。富士見町教会の寛容な感じとはまったく逆で、「不《ふ》立文字《りゅうもんじ》」というか「言語道断《ごんごどうだん》」というか、どこかで「同意をかんたんに生じさせないぞ」というものを感じた。それで、何度かカメラをもって鎌倉へ通ううちに、ところどころでお寺の雲水や住職と話をする機会も出てきて、そうしているあいだに居士林《こじりん》（円覚寺）で参禅もするようになったわけですね。鶴見の総持寺《そうじじ》にも通いました。

このとき禅の本が読みたくなって近くの本屋に行って探してみたけれど、何もなかった。まだ大書店に行くという習慣なんてなかったから、町の本屋でさがすわけですが、あるとき岩波新書の鈴木大拙《だいせつ》の『禅とは何か』が見つかって、それを読んだらめっぽうおもしろい。つづいて『禅と日本文化』や『禅による生活』などに入っていった。

こちらはけっこう腑《ふ》に落ちるものがあった。そこには、「ああ、こういうふうに、言葉に入って言葉の外に出るという方法があるんだ」という共感みたいなものがあったんですね。そういう考え方や言葉の使い方がある、ということに驚いたといってもいい。それは、キリスト教的な説得力やわかりやすい説得力とはかなり異なったものです。その速度と深さと意外性を、禅や鈴木大拙から教わったという感じです。

ただ、禅僧や雲水にその話をすると「そんなもの読んでるからダメだ」と言われ、母に言えば「座禅は壁に向かってても座れるんだから、いちいち行かなくてもその場で座りなさい」

と言われて、ショックでした（笑）。

そういう時期に、友人からドストエフスキーの『カラマーゾフの兄弟』のなかの「大審問官」のことを尋ねられた。あれは、どういう意味だと思うかというんです。


――ドストエフスキーの感想を聞かれた？


ええ。でも、どう思うかと言われても、『カラマーゾフの兄弟』なんて読んでない。ドストエフスキーで読んだのはたった一冊だけ。『罪と罰』だけですよ。

しかもその友人はぼくにとってはとても大事な親友で、伊豆大島に二人でけっこう長く滞在したりした。そういう仲だった。だからぼくはそいつのことについてはだいたいわかっているつもりだったのに、「あれを読んで、オレは考えこんでるんだ」と彼が言っている意味がまったくわからない。

これに参ったんです。最大の岐路ですよ。それで仕方なく『カラマーゾフの兄弟』を読むんですが、あれは「さあ、読むぞ」といって、その夜に目を通すなんてものじゃないでしょう。岩波文庫で四冊ですよ。恐ろしい父親フュードルが出てきて、長男のドミートリイは粗暴な情熱の持ち主で、次男のイヴァンは背神論者で、三男アリョーシャは純粋そうだけれど、いかにも無力です。なんだ、このカラマーゾフ一家はと思った。それに「大審問官」の場面が出てくるのはかなりの後半です。

——それで、どうしましたか。

ともかく三カ月か四カ月くらいかけて読みましたよ。読んだけれど、「大審問官」の意味なんてさっぱりわからない。おかげで親友と会話は進まない。気まずくなっていく。もっとはっきりいえば、ドストエフスキーがわかるかわからないかではなくて、そのように本を読んで悩むという親友の気持ちに至れないことが深刻なことだったんです。

だいたいぼくはいろんなことが晩生で、コミュニケーション力もずっと足りない少年でした。それから、多少の吃音《きつおん》だったんです。サシスセソ系の発音がしにくかったりして、そのせいで自分が思ったことをパッと喋れない。アタマの中の「吹き出し」にはいろいろ浮かぶけれど、それを言葉として外に出すまでにひどい躊躇《ためらい》がある。

これって困ったことで、それでコンプレックスにもなるんだけれど、一方で、オレは実はわかっているんだというふうに、変に片寄った自信にもなりかねない。しかし、どうみても何もわかってはいない。こういうふうに言葉にならないときの大半は、実はわかっていないと言っていいでしょう（笑）。

他方、世の中には言葉にしにくいものもいろいろあるわけで、塩飽諸島の美しさもそういうものだったわけですし、禅にもそういうところがある。しかしあまりに自分で表現を怠っていると、自分が使う言葉の問題と世の中で使う言葉の限界がごっちゃになって、そのうち身勝手な言語人間になってしまう。世の中でうまくいかないことの多くは、実は当人の言葉の使い方によっているんですね。

それで話を戻すと、高校のころには吃音はなおっていて、ふつうに喋れるようになってもいたわけです。ところがそこそこと喋れるようになってみると、実はアタマの「吹き出し」の中にあると思っていたものというのは、必ずしも適切な言語にならないということもわかってきた。また、それにふさわしい言葉を捜し出すには、かなり努力が必要だということもわかってくる。

最初は、自分が吃音だからアタマの中にあるものが出ないのだろうと思っていたのですが、どうもそうじゃない。言葉が適当に喋れても、実はアタマの中とも世の中ともかなりちがうということを感じた。それが親友のアタマの中の「大審問官」に出会って、ガツーンとやられたわけですね。

文系も理系もこだわらない

――読書の原点にひそむような問題に出会ったんですね。

いまから思えばそういうことにもなりますが、当時はただ焦ったり、悔やんだり、へこんだりしてましたね。

それよりなにより、『カラマーゾフの兄弟』ですよ。いったいドストエフスキーとは何なんだよ、こんなものを次々に厖大《ぼうだい》に書きやがって（笑）、いったい何を考え、何を世の中にぶつけたのかということです。それをまたあんなふうに書けるというのは、どういうことなのかという驚愕《きょうがく》ですよ。おそらく、このときぼくはやっと、「世界」とか「世界観」というものがあることに気がついたんでしょう。

すでに読んでいた『罪と罰』では、そんなことはこれっぽっちも感じていないんです。何か社会的な小説に感じていて、ラスコーリニコフが自分が世の中で不必要だと思うものは殺害してもかまわない。そういうことを問うている小説としか、読まなかった。「必要悪」と闘う青年の姿を書いているんだと思っていた。それって、主人公に思い入れをしたにすぎないわけです。まあ、ごくふつうの読み方でしょう。

しかし、『カラマーゾフの兄弟』は三人の兄弟について、かなり詳細な描写があるにもかかわらず、とてもそのうちの誰一人にも思い入れなんてできない。悪も純粋も、神も罪も深すぎる。つまり、そこにはひたすら「世界観」だけが問われていたわけです。

それは、「キリスト教」「神」「父殺し」「宗教」「詐術」「パンの問題」「悪」「絶対者」「幼児虐待」といった、まさにギリシア・ローマ・ヨーロッパ・ロシアの世界観にかかわる問題です。いまでこそ、ぼくはそこにユーラシアの「西」が持っているこうした強烈な「根源的な謎」をある程度は実感できますが、これは当時のぼくにはとうていムリですね。しかしムリであれ何であれ、親友がそこに立ち止まり、考えているという姿が大きかった。

――そこからいよいよ読書遍歴が始まったわけですね。

いや、まだまだ時間がかかります。まず、「一冊の読書」がぼくの親友という一人の男に与えた衝撃の意味を考えなければならなかった。ぼくは富士見町教会には行っていたのに、そこでは「神さま」への祈りはあったかもしれないけれど、「神の問題」なんてなかったですからね。教会より一冊の本のほうがでかいんです。

また、それがぼくの少年時代のものとはまったく異なっている世界の出来事や考え方だということも、受け入れる必要がある。ドストエフスキーは、ぼくの生まれ育った京都の、ちょっとした香り豊かなもてなしやしつらいの中から立ち上がってくるものとはかなりちがってましたからね。母が水上勉《みずかみつとむ》的なるものに感じた「哀しみ」ともちがっている。

それから、本というものは一人ずつに、なんと異なる読後感をもたらすんだろうということです。大学になってまもなく、ぼくは埴谷《はにや》雄高《ゆたか》を読むようになりますが、それは埴谷雄高のドストエフスキーを読む姿に惹《ひ》かれたからなんですね。一人の男が一冊の本に向かっている姿を、ぼくがまた別な目で感じる。埴谷さんも、ドストエフスキーを解釈するのではなくて、自分がドストエフスキーをどのように読んで迷ってきたかということを書いていた。

こういうことがだんだん見えてきて、やっと書物というものに向かう心構えや気分というものに、拍車がかかっていくんですね。でも、それで本気になるのはまだまだ先です。

——早稲田大学時代じゃないんですか。フランス文学科ですよね。

ぼくの学生時代は未熟なもので、あらかたトレーニング時代ですね。いろんな意味でのトレーニングとエクササイズの時代です。

フランス文学科に入ったのは、マルセル・プルーストやジャン・コクトーを読みたかったからなので、そういう意味では読書がきっかけになっているんだけれど、これはすぐに失望しました。プルーストやコクトーに失望したのではなく、大学の授業にがっかりした（笑）。フランス文学を覗《のぞ》きにきた連中にも何の共通感も感じなかったですね。それで、サークル活動をしようと思って、アジア学会とか新聞部とか演劇部に入った。

ただ、ぼくの早稲田時代は学生運動が過激になっていったので、ずいぶんそちらの活動に時間をとられました。それでも「早稲田大学新聞」に何を書くかということや、いわゆるアジビラに何を書くかということのために、一週間に四〇〇字で十枚とか十五枚とか、そういうノルマを課して文章エクササイズをするというようなことをしていた。

演劇部も役者になりたかったのではなく、アカリ（照明）をやりたくて、当時はゼラチン番号でアカリの勉強をするんですが、それをマスターするために集中してましたね。おかげで大学三年の後半くらいには、バイトで町の劇場の照明係を手伝ってました。この演劇部は「素描座《そびょうざ》」というところで、四年生の演出家が上野圭一さんです。いまはアンドルー・ワイルの翻訳などで有名ですね。

で、読書のほうは、それこそ「乱読」と「系読」です。「系読」というのはぼくがつくった用語で、系譜を追う読書です。大きくは日本とアジアとユーラシアをつなぐものを読む、マルクス主義関係のものを読む、科学系のものを読むという三本柱なんですが、それが入り乱れてまして、それでもともかく片っ端から読んでいくわけです。

——そんなに急に読めるものですか。

いちばん心がけたことは、寝ないようにするということでしたね（笑）。あとでも言いますが、これは三十代も四十代もずっと続きます。いまでも一年のうちの三百日くらいは、午前三時以前には寝ません。何かを読んでいるか、スポーツチャンネルを見るか、ドキュメンタリーを見ているか、何かを書いている。

授業はつまらなかったので、教室ではそれに関連する別の本を読む。この方法はちょっとおもしろくて、先生が哲学や生物学や社会学の講義をしているあいだ、その先生の本と関連図書とをもちこんで、授業を聞きながら読むので、一種の「多重感覚読書」のようなことができるんです。でも、これはすぐに授業より本のほうが圧倒的に濃いし、すばらしく速く読めるということがわかってくるので、授業に出なくなります（笑）。ただ、そのときの読書スピード感だけは身についた。

学生運動のほうはほとんど体力勝負で、とくにデモがきついのですが、できるだけ過激なデモに参加しました。「反帝・反スタ」（反帝国主義・反スターリニズム）という時代ですからね。学習会とか読書会というのもしょっちゅう開かれているので、これにも出ます。これは必ず意見を求められるんですね。それがかなり苛酷《かこく》なもので、だいたい学生運動というのはセクトごとに寄り集まっているわけだから、そのセクトなりの解釈に沿わないと、こてんぱんに批判されるようになっている。しかも行動も問われる。それでみんな「自己批判」をさせられるということになるんですね。

ぼくはこのやりかたは気に食わなかったけれど、言葉というものがどの程度の説得力や納得力を現場でもたらすのかということを実感するために、けっこうおもしろがって付き合っていました。

アジア学会のほうではシルクロード関係が研究ブームになりつつあって、これについてはぼくはまったく未知のことだったので、謙虚に学びましたね。松田寿男さんが顧問だったので、松田さんの『丹生《にゅう》の研究』なども読みました。古代人がなぜ朱色を塗るかという研究です。ぼくは自分がつきあったり、師事したくなった人の本は必ず読むということを徹底するんです。これも実は多読のコツかもしれません。

相手がわかっていて、その人と出会う機会が多いんだから、おろそかに読んではダメだという思いがエンジンになるのと、何冊か読むうちに本との距離感が縮まってくるのと、わからないところが相手から聞けるという、いくつものメリットがある。

――われわれ編集者はまさに著者と出会う機会が多いのですが、おっしゃるとおりですね。

でも、これを実践している人は意外に少ないですね。ぼくの近辺には、いまでもたくさんの接触者がいますが、何かをその著者を媒介にして編集者の読書力につなげているという人は、意外に少ない。そのくせ、ついつい知ったかぶりをする。それはもったいない。

読書は「鳥瞰《ちょうかん》力と微視力」が交互に試されるんですが、ちょっと話してみると、その両方の歯車が軋《きし》んだまま動かなくなっていることが、すぐわかります。定形的な反応しかしない。著者と読者のあいだに交差する「鳥瞰力と微視力」が描くものこそおもしろいのに、それをしない。それならその著者やその人物に関心などもたなくていいんですよ。もしもつのなら、もっと徹底したほうがいい。

それで話を戻すと、あとは図書館通いと書店通いです。ぼくはお金に困っていて、授業料も生活費も自分でまかなっていたので、ほとんど本代にまわせない。一番てっとりばやいのは万引ですが（笑）、これはリスクが多すぎる。でも、これがうまい連中はまわりにけっこういましたよ。ぼくはヘタだった。それで図書館に行く。

ここはいいですね。サイコーです。実はのちのことになりますが、ぼくは社会人になって何度か引っ越しをするんですが、たいてい図書館の近くを選んだ。新宿のころは四谷図書館の近くで、最大は有栖川《ありすがわ》公園の都立中央図書館でした。そこから十分くらいのところに越した。図書館のいいところは、そこには本しかないということです。図書館に通えば、読書習慣は必ずつく。ジムに行ってトレーニング以外のことをしないのと同じで、図書館に行けば必ず本になじみます。おススメです。

もうひとつは書店通い。それも新刊屋と古本屋の両方にしょっちゅう行く。ここは図書館とちがって、本も片寄っているし、座りもできませんが、あのずらりと並んだメッセージ力に対峙《たいじ》するのが、なんともいい緊張になるのと、一冊ずつを手にとる時間が少ないため、その本を判断する力がめっぽう養われます。

さいわい早稲田には新刊屋も古本屋もいっぱいありましたから、これは大いに活用した。とくに古本屋は同じところで立ち読みしていると、すぐハタキをもって追い払いはじめるので、いろいろ別の古本屋をハシゴできるようになってなくちゃいかんのです（笑）。まあ、早稲田に入っての役得はこれだけですかね。

――さきほどの三つの柱でいうと、科学のほうは？

もともとぼくは小学校では電気倶楽部に、中学校では科学部にいて、ずっと科学雑誌になじんできたのですが、高校で「世界観」にやられてから、ついつい科学が身近なものではなくなりつつあったわけです。それで、どこかで給油したかった。

けれども大学で文科系を選んでしまったので、これはヘマをしたなと思っていた。そこでなんとか読書で補おうとしたんですね。ただし、科学というのは、なかなか独学では身につかない。それでもそれをしたかった。そうすると、まずどの本を読めばいいかということに目が研ぎすまされてくるんですね。だいたい入門書をまちがったら、とんでもなく通俗的なところへ落っこちます。

そこで、最初に名著といわれるものを手に入れるか、図書館で目星をつける。量子力学でいえばディラックのものか、朝永振一郎《ともながしんいちろう》です。電磁気学ならファインマンです。相対性理論ならアインシュタインその人でしょう。けれどもこれは歯が立たない。しかし、その歯が立たないところに一度は直面しないといけない。そのうえで別の参考書や類書で補っていく。そういう読み方をしていくんですね。

まあ、そんなふうにして大学時代の読書がはじまったわけですが、さっきも言ったように、これらはすべてトレーニングであって、エクササイズだと割り切っていた。読書のお稽古です。

――厖大な読書遍歴のなかで、大学でフランス文学を選んだことは何かの影響をもたらしましたか。

是と非の両方でしたかね。高校時代に小林秀雄の影響で、ランボーやヴェルレーヌやボードレールを読んでいて、いまひとつ入っていけなかったんです。それで高校の終わりくらいにプルーストを井上究一郎さんの翻訳で初めて読んで、なんだか忽然《こつぜん》とした。なぜかというと、「意識の流れ」と「実景描写」が二重進行しているんですね。

ぼくはもともと文学的な人間でも哲学的な人間でもなくて、またとくに行動的な人間でもなくて、自分が体験したことのなかで気になったことを丹念に敷延《ふえん》していくタイプです。昆虫採集型です。だから日記や日記めいたものはずっと書いていまして、自分の人生は日記のようなものだと思っていたくらいですが、これって「意識と実景の二重進行」なんですね。

いわば編集的なんです。

しかし世の中には、そのことをみごとにあらわしている人はいくらでもいる。フランス文学にも、むろんそういう作家や詩人がいた。それがぼくには大学に入る直前ではプルーストであり、コクトーだったんですね。また、パリを描写したリルケだった。

それで、自分が書いている日記なんかよりよっぽど凄《すご》いものを求めて、フランス文学科に入ったんですが、そこから先に読んだものはフランス文学だからよかったとかダメだったということではなくて、たとえば「パリをどう描いたのか」という描き方について、ぼくが触発を受けたか受けなかったかということでした。

たとえばランボーも田舎から出てきて、パリ・コミューンに沸き立ったパリの喧噪《けんそう》と情熱に出会う。ボードレールはずばり「パリの憂鬱《ゆううつ》」といったものを書いている。リルケはパリに来てロダンの弟子をしたり、ルー・ザロメというニーチェが心を奪われた女性と出会ったりしながら、パリを「異国の中の異都」として書いています。これらは「意識と実景の二重進行」です。ずっとのちにベンヤミンが『パッサージュ』という大部の本でパリを書いているのを読んだときも、それを感じた。

そういったものを読んで、「そうかパリを書いて、自分を書いているんだ」と思ったわけです。つまり「場所」を書いている。そういう場所を思考や表現の下敷きにしていると、二重進行が可能になるんだとわかった。そういうふうに書く方法があるのかと思った。

これは、読書法のほうからいいかえれば、読書をするときに「場所」を下敷きにしながら読むという「二重引き出し読書」とでもいう方法を、ぼくに気がつかせたんですね。

でも、読書の道しるべとしてフランス文学という領域が役にたったかどうかというと、渡辺一夫さんの『曲説フランス文学』を読んだときにハッとさせられたくらいのことで、とくに意識はしてこなかったかもしれません。

第三章　読書の方法をさぐる

雑誌が読めれば本は読める

──では、大学を出てからの読書の歩みを伺いましょうか。

生活史のほうから先に話しますと、大学四年のときに父が癌《がん》で急に亡くなりまして、けっこうな借金を残した。それで、すぐにこれを返すことが必要になったんです。

当時、初任給が三万八千円くらいのときに、毎月七、八万円をなんとかしなければならなくなって、いろいろ考えて代理店に入って広告をとることにしまして、なんとか頼みこんで出来高制にしてもらったんですが、これがなんと大成果で、五年ほどかかると思っていた借金を三年くらいで返せた。

そうしたらその広告会社に、取次店の東販（現トーハン）が高校生向けの読書新聞を、いままでいうフリーペーパーとして書店におきたいと言ってきて、その編集もぼくがやることになった。そのころの高校生は書店の学習参考書のコーナーにしか来なかったので、そこにフリーペーパーをおいて、もっといろいろな本を読ませようという狙《ねら》いです。

――そうでしたか。そのころすでに読書新聞のようなものにかかわっていたんですか。

高校生向けですよ。このフリーペーパーは「ハイスクールライフ」というタブロイド版十六ページの新聞スタイルなのですが、ぼくはもともとジャーナリストやエディターになりたかったわけですから、ここでかなり思いきった編集をした。やっと借金返し以外の仕事に出会えたわけですからね。

それで、一面は宇野亜喜良《あきら》さんに頼んで毎号を全面イラストレーションにし、そこに「私の一冊」というシリーズを入れて、中村真一郎・五木寛之・倉橋由美子・石原慎太郎・野坂昭如《あきゆき》といった作家たちに書いてもらった。中面《なかめん》は高校生向けにかなり高度な本や前衛的な本を奨めるという内容で、そのほか小田実・鈴木忠志・稲垣足穂《たるほ》・中村宏・土方巽《ひじかたたつみ》さんらの長期対談などをのせた。まあ、かなりぶっとんだ編集をしたわけですね。

そうしたら、その創刊号が朝日新聞にとりあげられた。また、寺山修司や五木寛之さんたちが、ぼくの編集ぶりを大いに褒めてくれた。そのころニューヨークでアンディ・ウォーホルの「ヴィレッジ・ボイス」が評判になっていたのですが、寺山さんは「これで東京にもヴィレッジ・ボイスに匹敵するものができた」と言ってくれたんですね。

これで気をよくして、借金も返したので、やっと好きなことができると思って取り組んだのが「遊《ゆう》」という雑誌の準備です。ただ、やっと借金を返したばかりですから手元がすっかり不如意になってしまっている。もうひとつは、日々の形がとれなくなっている。

そこで、ひとつには結婚して退路を断ち、もうひとつには新たに借金をしました。これはいわば、自分に新たな「負」を背負ってみようというようなことなんですが、それで腹を決めて工作舎というささやかな版元をおこして、一九七一年七月に「遊」を創刊するんです。でも仲間はたった四人、しかもみんな無給で、別の会社に行ってタイムレコーダーを押して、あとは工作舎に来て雑誌づくりをして、夕方に会社のタイムレコーダーを押して、また編集制作をする（笑）。

ただ、この「遊」のためには、ずいぶん本を読みました。ここからがやっと本格時代のスタートです。二八歳のことです。

――どういう本ですか。

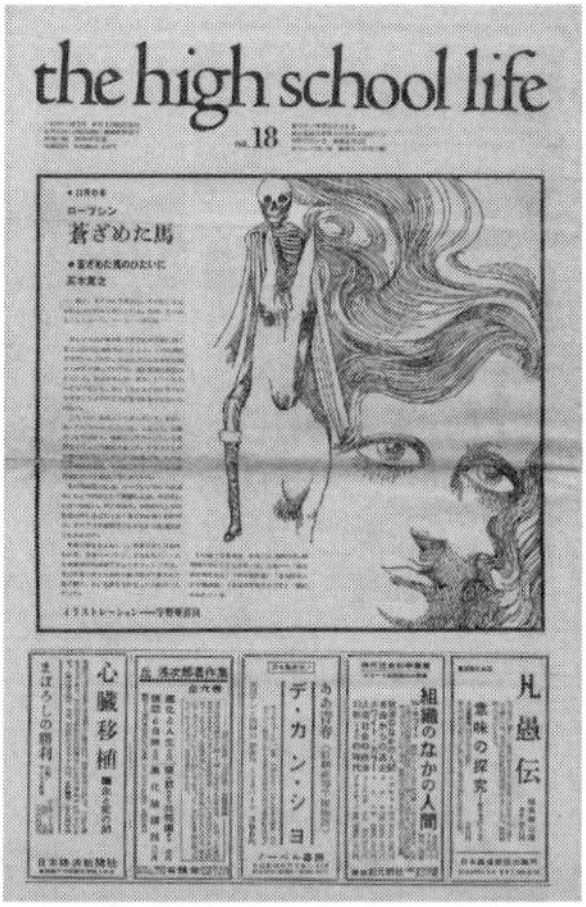

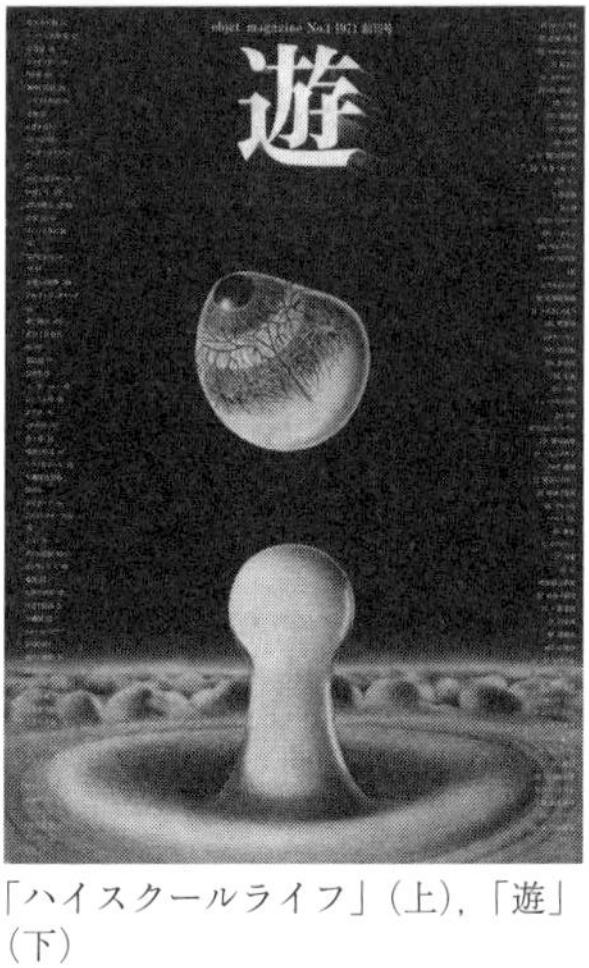

「ハイスクールライフ」(上)，「遊」(下)

実は「遊」創刊にあたって、もうひとつきっかけがあったんです。それは創刊準備を始めたころに体をこわして入院することになるんですが、そのとき一念発起して折口信夫《おりくちしのぶ》ばかり読みまくったんですね。

これがぼくにのちのちにおよぶ民俗学のマップと日本文化のマップをもたらすのですが、それとともに、この民俗学と最も逆の方向にあるものを読もうと思って、宇宙論もいろいろ読みあさった。

なぜこんなことをしたかというと、当時のぼくは稲垣足穂《いながきたるほ》にぞっこんだったんです。しょっちゅう京都桃山のタルホさんの家にも行っていた。いつもフンドシ姿でした。すると、タルホさんは「物理学や天文学こそが一番シュールやな、ダンディやな」というようなことを言う。これでピンときたんですね。フンドシ姿の宇宙論だ、というんでね。よし、「遊」は物理学と民俗学というまったく異質なセンスのものを、あたかも対角線を折るようにして対《つい》同《どう》させよう。これを編集方針にしようという決断です。それで入院をきっかけに、折口信夫をとことん読んだ。そして退院してからは、物理学にのめりこんでいった。これを「対角線の編集読書」と名付けていました。

こうしてだいたいの準備ができたところで、「遊」創刊でした。そこにはデザイン面から杉浦康平さんに加わってもらえたので、杉浦さんとも「情念的なもの」と「数理的なもの」を対同させるエディトリアル・デザインを創出しようという魂胆をもちました。

いや、杉浦さんはデザイン面だけでなく、いろいろ内容面にも大きな刺激をくれた。なんといっても、杉浦さんはゼッタイに広告には手を出さない日本で唯一のエディトリアル・デザイナーでしたからね。おかげで杉浦スタジオに行くたびに、新たな本のデザインができあがっていくのを目撃できた。

これは大きかったですね。それこそ高橋和巳《かずみ》、ウィリアム・クライン、滝口修造、ローマ史、セリーヌ、鉱物学、江戸の洋学、瀬戸内晴美（寂聴）、マンダラ、日夏耿之介《こうのすけ》、埴谷雄《はにやゆ》高《たか》といったコンテンツが、日々、「本」の形になっていくのを目撃するわけですから、壮観でした。ぼくはこの杉浦スタジオで本のしくみの一部始終を教わるんです。読書がおもしろくなるには本の造本にも関心を向けたほうがいいですよ。

というようなわけで、この時期の読書は、物理学から民俗学までというか、そのあいだにあるさまざまな目盛りにあたる本を、あたかもグラデーションをなすかのように読んでいくというものになっていましたね。

三割五分の打率で上々

――読書遍歴の原点に壮絶なプロセスがあったこと、それが「対角線の編集読書」というスタートであったということが見えてきました。それにしても、またまたの借金はたいへんでしたね。

当時は六畳三畳のアパート住いです。世田谷の三宿の「三徳荘」というアパートで、向かい側に大きな煙突のある山元オブラート工場、隣りがいつもガチャガチャ音を立てている小さな機械工場です。

ベッドなんて買えない。そこで押入れが戸板だったので、それをベッドにした。本棚もないので、近所で荒い材木を安く分けてもらってきて、それにニスを塗って急ごしらえの本棚を作った。ぼくは本棚のない生活は考えられないんです。テレビも冷蔵庫もないので、見かねた友人や知人たち、フォークシンガー六文銭の小室等やジャズ・ピアニストの佐藤允彦《まさひこ》たちがそういうものを、「ほい、使えよ」と言って持ってきてくれた。食事も夏はソーメン、冬はイナリ寿司が中心です。あとは近所で買う魚フライ。でも、何もなくても、本棚をまず作ったというのが自慢ですね。

ただ、奇蹟《きせき》のように本だけは揃《そろ》えることができたんです。これはね、ヒミツの話ですが、東販の仕事をしていたおかげで、その倉庫担当者と仲良くなって、そこから本をこっそり融通してもらっていたからです。もちろん違法で（笑）。また、いまは真似したくとも断られるだけだろうと思いますが、さすがにもう時効でしょう。

特殊ルートをミッション・インポッシブルしてくれた東販のKさんやSさんには（笑）、いまでも感謝しています。もっとも、そのかわりに、そのころ東販に併設されていた「出版科学研究所」の読書調査を手伝ってあげていた。

で、そうした生活のなか、またまた借金を返しながら、そのお金の一部をむりやりさいて全集を揃えていきました。いまでも鮮やかにおぼえていますけれど、『折口信夫全集』『岡倉天心全集』『南方熊楠《みなかたくまぐす》全集』『三枝博音《さいぐさひろと》著作集』です。この順番ですね。こちらは特殊ルートじゃなくて、ちゃんと買った。これを六畳のアパートにどーんと置いて、想像力のピッケルで山登りをするように登攀《とうはん》するんです。

――セイゴオさんの許しがたい東販での犯行はべつとして（笑）、なぜ、なけなしのお金をはたいて全集を入手したんですか。

新聞、雑誌、単行本、マンガ、楽譜集、どんなものでも全部が「読書する」なんですが、そこには優劣も貴賤《きせん》も区別がないと思うべきなんですが、やっぱり読書の頂点は「全集読書」なんですよ。これは別格です。個人全集もあるし、シリーズ全集もありますね。

まず、その威容に圧倒される。大半は頑丈な函入《はこい》りですから、なかなか手にとる気にならない。飾ってあるだけで満足ですよ（笑）。しかし、眺めているだけではもったいない。それを齧《かじ》るんですね。ロック・クライミングですよ。当然、すぐに振り落とされる。二合目とか三合目でね。それがまた、たまらない（笑）。

――それは、ひょっとしてマゾヒズムじゃないんですか。

はい、マゾですね（笑）。いや読書というのはね、そもそもがマゾヒスティックなんです。だから、「参った」とか「空振り三振」するのも、とても大事なことです。わかったふりをして読むよりも、完封されたり脱帽したりするのが、まわりまわって読書力をつけていくことになる。だいたいプロ野球の最高のバッターだって三割五分くらいの打率でしょう。まったく打てない相手もいる。

読書もそういうもので、凄《すご》いピッチャーに内角低目をえぐられたら手も足もでない。また、最初に出会ったピッチャーが打てないということもある。そういうときは、むしろ長嶋の4打席4三振が必要です。長嶋のばあいは相手のピッチャーは国鉄スワローズ（現・東京ヤクルトスワローズ）の金田正一《まさいち》だったわけですが、長嶋はそれで発奮したわけでしょう。ぼくのばあいはそれが折口や天心や熊楠の全集だったんですね。

個人全集では一人の著者が、たくさんのさまざまな投球と球種を見せてくれます。これは、どんな本を読むより、構造的な読書ができる。つまり、一人の著者、思想家、学者、作家、そういった人たちの全集を読むと、どんなところにも「密度」「集中力」「言語力」「思考力」がマッピングされているんですね。それが単行本とはちがって、連続的に、立体的に見えてくる。それがこちらの読書力にとっても、大きな足場になるんです。

次に、個人全集には著者や作家の全生涯が並んでいる。まあ、ライフワークのすべてがそこにあると言っていい。巻立てにもよりますが、年代順にもジャンル別にも、大小別にも読めるし、索引もある。とくに見落とせないのは手紙類やノート類を集めた巻で、これらはめったに単行本や文庫本では読めません。とくに手紙はおもしろい。その著者の読み方を自分で指南してくれているようなものです。

ちょっと話がとびますが、日本の寺子屋では「往来もの」というテキストで手習いや社会科の勉強していたんですね。「往来もの」というのは手紙とか判決文書とか調停文などです。『庭訓往来《ていきんおうらい》』という古典にもなっている。これは「生きたテキスト」です。それと同じような著者の「人生の手紙」のようなものが全集には収録されている。

それから「月報」ですね。全集にはたいてい著者の縁が深かった関係者や研究者が、巻ごとに二、三人ずつ原稿を寄せている。それが月報ですが、ぼくはどんな芥川龍之介論よりも、芥川全集の月報を読んだときのほうが芥川のことが見えた記憶があります。

まあ、そういったふうに「全集読書」を始めていったわけです。そのうち、マゾばかりでもなくなるんですよ（笑）。それは「攻める読書」というものです。いわば「攻読《こうどく》」。ただし冒瀆《ぼうとく》するわけじゃない。批判するわけでもない。一言でいえば、こちらの考え方をまとめていったりするための読書法です。

おそらく読書には、守りの読書と攻めの読書があるんでしょう。それが「守読」と「攻読」です。

活字中毒になってみる

――さきほど「雑誌やマンガも読書である」と言われましたが、雑誌はどんなものを読んできたんですか。

その前にふたたび強調しておきますが、読書はどんな本をどんな読み方をしてもいいと思います。スキルアップのために読むのも、食材のように楽しむのも、ファッションのように着替えるのも、すべていい。すべて「読書する」です。そのようにして、ふだんから活字や図像にふれていることがすごく重要なことで、さっきから言っているように、それが基本の基本です。

そういうなかで、新聞や雑誌がはたしている役割は大きい。とくに出版物のなかでの雑誌の位置はとても大きいものです。そもそも雑誌は特異な「できかた」をしています。グラビア写真もあれば、ゴシップもあれば、深刻なルポルタージュもお笑いもあり、取材記事・論文・コラムがある。たくさんの人たちが一冊の雑誌に毎月毎月ひしめいている。今月号が出て、また次の月に続いて、そこに新しい人が出てきたりする。そんなふうに一冊の雑誌、数冊の雑誌を見ていくのは、多読性にとってもきわめて有効です。

また雑誌には、雑誌ごとの言語感覚とデザイン感覚とがあって、それが特色を競いあっているると見るべきです。そこは百花繚乱《りょうらん》。では、どう読めばいいかというと、その特色が如実にわかるのはヘッドライン（見出し）です。これは新聞も同じことですが、ヘッドラインはそのメディアの歌い文句をあらわしている。歌でいうなら「サビ」の部分なので、それが気にくわなければ読まないほうがいいでしょう。逆に、その「サビ」を無視して読まないほうがいい。

また、ヘッドラインにふさわしい記事内容になっているかどうかも、判断基準です。もうひとつは、いつもどういう執筆陣が登場しているかということで、一年か二年見ていれば、だいたい顔触れがわかります。

こうした雑誌のなかで、日本で最も適確な標準を示しつづけてきたのは、なんといっても「文藝春秋」でしょうね。大正十二年に菊池寛が創刊した。人によっては好き嫌いはあるだろうけれど、編集的視点でいえば、まことにすばらしい平均力・バランス・器量を維持しています。エディトリアル・フォーマットがしっかりしていて、いまなお不変です。実は、ぼくの家では父がずっと三種の雑誌を長らくとっていたんです。それは「文藝春秋」「東洋経済」、そして「俳句」です。大半のバックナンバーが家にありました。ぼくはそのうち中学三年くらいから「文藝春秋」を覗《のぞ》くようになった。

——それは早熟ですね。ご自身では何か定期購読してましたか。

小学校では「少年」や「少年クラブ」、中学時代は学研の「中一コース」などと誠文堂新光社の「子供の科学」かな。そこに「文藝春秋」が加わった。もちろん覗き見か、拾い読みですよ。

それに加えて、高校になると家で「回覧雑誌」というのをとるようになった。当時は担当のおじさんが自転車の荷台にごっそり雑誌を運んできて、そのうちの契約雑誌を置いていって、一カ月たつとまた新しい雑誌と取り替えていくというしくみでした。そのあいだにみんなが読む。表紙を新しいビニールで包んであるんです。

松岡家では、「主婦の友」「オール読物」「婦人公論」「中央公論」「文學界」「群像」「新潮」「文藝」「大相撲」あたりを毎月とっていて、そこにときどき別の雑誌もまじるんですが、ぼくは文芸誌の好きなところを読んでました。大江健三郎の『飼育』や『セブンティーン』、柴田翔の『されどわれらが日々――』、中村光夫の『わが性の白書』、宇能鴻一郎《こういちろう》の『鯨神《くじらがみ》』、石原慎太郎の『行為と死』、小林秀雄の『考へるヒント』などは、そこで読んだ。それに花田清輝とか本多秋五とか梅崎春生《はるお》とか。

回覧雑誌というのは手元に残りません。連載ものなどは中身をおぼえていなきゃならないから、けっこうスリルがあるんです。

で、大学に入ってからですが、「朝日ジャーナル」「現代の眼」「情況」といった社会誌と、「ＳＦマガジン」あたりですかね。社会人になって「遊」を始めてからは、「ＳＤ」「建築文化」などの建築誌と、あとはもっぱら海外誌かな。とくにデザイン・アート系の海外雑誌はその手の書店に行ってたいてい見ていた。

いずれにしても、そのころの雑誌はその時代の安保や公害問題や経済社会思想をかかえながら成長していた日本のなかで、雑誌としての強いメッセージもクライテリア（判断基準）をけっこうはっきり持っていたんです。どこか骨っぽかったですね。

そんなわけでけっこう雑誌を読んでいたのですが、これは多くの人がそうだろうと思いますが、単行本とちがって雑誌であれば、みんなパッパッと読むでしょう。これが読書エクササイズになっているんですよ。それを単行本にあてはめればいいんです。

――いろいろな経験が読書エクササイズになる。でも、よほど活字がお好きなんでしょう。

もちろん活字中毒ですよ。当然です。ぼくは活字中毒者で、かつ、断固たるタバコ中毒者です。いずれも一生、治らないビョーキでしょう。でも、これは治す気はまったくない。長年かけてせっかく身についた悪癖です（笑）。だいたい、本を読むときに一番タバコを喫《す》ってますよ。こういうカラダについたスキルは安易に捨ててはいけない（笑）。よく節煙や禁煙を勧められるけれど、きっと本を読むのをやめたら、禁煙もできるでしょうね。だったらやめっこない（笑）。

目次をしっかり読む

――さて、そろそろ「読書の楽しみ」とは何かというところへ入っていきたいと思います。そのうえで多読術のヒントをいただきたい。読書の醍醐味《だいごみ》って何ですか。

一言でいえば、未知のパンドラの箱が開くということでしょうね。本はやっぱりパンドラの箱。読書によって、そのパンドラの箱が開く。そこに伏せられていたものが、自分の前に躍り出てくるということです。ポール・ヴァレリーふうにいえば、それによって「雷鳴の一撃を食らう」という楽しみですね。ということは、こちらが無知だからこそ読書はおもしろいわけで、それに尽きます。無知から未知へ、それが読書の醍醐味です。

――セイゴオさんでも「無知」から「未知」へ、ですか。

そりゃそうですよ。無知があるから未知に向かえるんです。読書は、つねに未知の箱を開けるという楽しみです。

だから、書店で本を選んで、それを持ち帰ったあとにその本を開けるときがとても大事です。これって、ちょっとした儀式ですらある。儀式といっても呪文《じゅもん》を唱えるわけではないけれど、今日の自分のコンディションをはかりながらバッターボックスに入るわけだから、ちょっと気持ちをこめて表紙をめくり、そこで大きく一呼吸ですよ。

さあ、それで本を読むことになるんですが、ここで焦ってはいけません。まずは目次のページを開きます。これがヒジョーに重要です。古典や小説を除けば、目次にはその本の最もよくできたアウトラインが示してある。新書の目次などを想定してもらえればいいでしょう。それでも目次はせいぜい二ページか四ページくらい。これまずをちゃんと見なければいけません。

実はぼくのばあいは、書店で手にとった時点で、本をパラパラめくる前に、必ず目次を見るようにしています。買う買わないはべつにしてね。せいぜい一分から三分ですが、この三分間程度の束《つか》の間をつかって目次を見ておくかどうかということが、そのあとの読書に決定的な差をもたらすんですね。

——どうしてですか。

これはぼくが「目次読書法」と名付けているものですが、目次を見て、ごくごくおおざっぱでいいから、その本の内容を想像するというのが大事なんですね。わずか三分程度のちょっとしたガマンだから、誰でもできる。そうしておいて、やおらパラパラとやる。

そうすると、目次に出ていたキーワードから想像したことと、その本の言葉の並びぐあいとの相違が、たちまち見えてきます。想像にまあまあ近かったところや、まったくアテがはずれたところが、すぐに見えてくる。一ページ目から読むのは、そのあとでいい。

これは買ってきた本を読み始める前にも、ほったらかしにしておいた本を読むばあいも、必ずやるといい前戯です。ゼッタイおススメの前戯です。つまり、この三分間目次読書によって、自分と本とのあいだに柔らかい感触構造のようなものが立ち上がる。あるいは、柔らかい「知のマップ」のようなものが、ちょっとだけではあっても立ち上がる。それを浮かびあがらせたうえで、いよいよ読んでいく。これだけでも読書は楽しいですよ。

――よく「あとがき」から読む人がいますよね。あれはどうですか。

もちろん、かまいません。まるまるオーケーです。それで本文を読む気になるのなら、それでいい。なんてったって読書はその本を読む気になるかどうかということですからね。

ただし、著者による「あとがき」はたいていは内容のサマリー（要約）というわけではなく、著者が書いたきっかけや、書いたあとの付言や弁解をしているばあいが多いので、親しみは湧《わ》くでしょうが、読み手の読書エンジンが動きだす決め手には欠きますね。もっともぼくは、そういう読者も多いのを知っているので、ぼく自身は「あとがき」には読み手の意識を喚起するようなことを、できるだけ書くようにしています。

一方、翻訳書のばあいは訳者が「あとがき」を書く。このばあいは、原著の内容のサマリーをしていることが多いので、ぜひここから先に読むのがいいでしょうね。でも、それでもその前にいったん「目次読書」をしておくと、もっと効果的です。

――前戯を説明していただいたので、では本番の醍醐味を。

いや、まだまだ前戯はあるんですが（笑）、そうですか、それはいまは省いていいですか。では、一気に核心点のひとつに入りますが、ぼくはほとんどの読書でそれなりの醍醐味をもらっていますね。

これは、ぼくの集中力や知識力があるせいではなくて、本によって感じるレセプターのようなものを分けたり、連結させたり、とばしとばしにしていたり、ときにはオフっているからなんです。いわば「感読レセプター」ですね。その「感読レセプター」のスイッチをどういうふうに入れるかを、適宜、調節しているからです。
どういうことかというと、われわれの舌には熱さ、甘み、辛み、渋みなどを感じる味蕾《みらい》が分布していますね。だから熱いものを食べるときには、ふうふうと息を吹きかけたり、梅干を食べるときは唾がたくさん出るようになっている。それと同様に、誰だって言葉を読んで感じるレセプターって、あるものなんです。それを感じて、それを対応させる。そうすると、ひどく刺激のうすい本はべつとしても、それなりの醍醐味がある。

――そんなことが可能なんですか。

きっと多くの人が読書で一番気になるのは、「どうもアタマに入らない」ということですよね。それでついついあきらめたり、うんざりしたり、自分にがっかりしてしまう。そういうような気がするということでしょうが、これはね、ついつい全力で読もうとしすぎるからです。
しかし、本というのは著者が書いているわけで、その思想や書き方や言葉づかいには、われわれ読み手がもっている受容能力では処理できないものは、いくらもあります。ぼくが最初にプラトンを読んだのは二十歳くらいのときでしたが、あのわかりにくいギリシア人名と会話体にほとんどなじめなかった。プラトンって対話様式で書いているでしょう。一筋に読めない。それで砂を噛《か》むような思いで『饗宴《きょうえん》』を読んだんですが、それから三年ほどたって『ティマイオス』を読んだら、ずっと読みやすかった。『ティマイオス』は宇宙観についての対話篇です。

なぜ読みやすくなったかというと、これはその前にヘルマン・ワイルの『数学と自然科学の哲学』という本を読んだら、ワイルが『ティマイオス』を薦めていたので読んだんです。ワイルは必ずしもプラトン主義者ではありませんが、二十世紀を代表する自然哲学の理解者としては、ほぼ完璧なほどのプレゼンテーション能力の持ち主で、きっとぼくはその起伏感や強弱感によってプラトンを読んだのだろうと思うんですね。そうしたら、びっくりするくらいおもしろかった。

これはおそらく、ぼくがワイルの味蕾を使って読んだからです。そして、ワイルからプラトンへというコースウェアがひとつながりになって、そこにまだわずかではあったけれど、「感読レセプター」ができてきたか、その調節の案配がついたからです。それで、しばらくたって、今度は『国家』を読んだ。このときは、ぼくなりの読み方でプラトンを初めて解釈できました。すぐその感想を日記かノートに書きましたね。

本と混ってみる

——一気に高度な読書方法論になったような気がするんですが、いつもそのようにして読んでいるんですか。

だからね、もっと前戯があると言っているんです（笑）。まあ、それはともかく、もう少し本番のほうを説明しますと、読書がおもしろくなるにはいくつかの方法があって、それらをうまく組み合わせるといいんです。

ふつうに考えられている「読書のススメ」は、だいたい次のようなものですね。第一に、いい本を読むといい。いわゆる良書です。あるいは自分にあった本を読むといい。第二に、じっくり読了するといい。あるいはよく理解しながら読むといい。第三に、自分のペースで読むのがいい。そして量より質を求めたほうがいい。

こんなところでしょうか。一見、良識的なことを言っているようですが、けれども、こういう助言ほど役にたたないものはない。ひょっとするとすべてがおかしい。「いい本」「自分にあった本」「理解する」「ペースを守る」などということができないからこそ、読書が苦手な人は本を読む気にならないわけで、ぼくならむしろ逆をおススメする。

つまり、理解できるかどうかわからなくとも、どんどん読む。自分の読書のペースなどわからないのだから、読みながらチェンジ・オブ・ペースを発見していく。自分にあう本を探すより、敵ながらあっぱれだと感じるために本を読んだっていい。むしろ、そういうことをススメたい。

なぜ、こんなことを言うかというと、それには、読書というのはいったい何をしていることなのかということを考えてみる必要があります。

読書は、誰かが書いた文章を読むことです。それはそのとおりです。けれども、自分の感情や意識を無にして読めるかといえば、そんなことは不可能である。読書って、誰もが体験しているように、読んでいるハナからいろいろのことを感じたり、考えてしまうものなんです。だからこそ、ときにイライラもしてくるし、うんうんと頷《うなず》くこともある。

つまり読書というのは、書いてあることと自分が感じることとが「まざる」ということなんです。これは分離できません。それはリンゴを見ていて、リンゴの赤だけを感じることが不可能なことと同じだし、手紙の文面を読んでいるときに、こちら側におこっているアタマやココロの出来事を分断できないことと同じです。そこは不即不離なんです。

ということは、読書は著者が書いたことを理解するためだけにあるのではなく、一種のコラボレーションなんです。ぼくがよくつかっている編集工学の用語でいえば、読書は「自己編集」であって、かつ「相互編集」なのです。セルフ・エディティングとデュアル・エディティングですね。

――読書はコラボレーション。なるほど、それは新しい見方ですね。

いえ、新しい見方なのではなくて、そもそも読書行為の意味って、これまで本格的につきつめて考えられてこなかっただけなんです。認知科学や認識論や表現論などでも、「表現する」とか「書く」という行為についての議論はそれなりにあるんだけれど、「読む」とは何かということを研究していない。脳科学もほとんど分析していません。

しかし実は、「読む」という行為はかなり重大な認知行為なんです。それは単立した行為ではないんです。複合認知です。表面的には文字や言葉や意味を追うわけですが、そこにはいろいろなことがまじっている。たとえば「声」もまじっているし、文字の「形」もまじっている。むろん文法も語法も、イメージもメタファー（暗喩《あんゆ》）も、そして社会観や生理感覚もまじっている。「読む」というのは、そういういろいろなものと自分とを、一緒に、感じる、ことなんです。

――読書は複合的行為である？

そうです。実は、そもそも「書く」という行為さえ、純粋に自己認識や自己表現を進行できているわけじゃないんですね。「書き手」は書き手で、同時に「読み手」にもなっている。ぼくもいろいろ本を書いてきたので、さまざまに実感できるのですが、「書く」と「読む」とは、複線的で、複合的で、重層的な関係にある行為なんです。

そうだとすると、読書術というものも単純じゃないほうがいい。むしろいくつもの方法を知って、それらを複合させたり、取捨選択したり、またそのためのエクササイズやワークショップがあってもいいほどの、そのくらいにプロユースなことでもあるんです。ほんとうは、スポーツやピアノや歌舞伎のように複雑で、だからこそおもしろいものなんです。

ところが、これまで読書術や読書法は、よくあるような難解な内容議論と単純な速読術のようなもの以外には、まったく顧みられてこなかった。

これからの読書論は「方法としての読書」として提案されていくべきものです。みんな本の中身、内容に入ったかどうかということばかりを、問題にしすぎている。読書感想コンクールなども、そういう傾向に陥りすぎています。

その本を喫茶店で読んだとか、冬の寒い夜に読んだとか、タイトルに痺《しび》れたから読んだとか、そういうことも入れていい。ですから、そういうようなことで言いますと、「読書の醍醐味」というのも、それ自体をいろんな角度から説明するべきなんですね。

本にどんどん書き込む

――では、あらためて「方法としての読書」を教えてください。

最初に強調しておきたいことは、読んだ本が「当たり」とはかぎらないし、かなり「はずれ」もあるということです。さきほども言ったように「三振」を喫することもあるということが基本です。しかし、そこが読書の出発ですから、何か得をするためだけに読もうと思ったって、それはダメだということです。そういうものじゃない。

それから読書には、「読んでいるとわからなくなるもの」もたくさんあるということです。

これは著者のせいでもあるし、読者のせいでもある。また、ある読者においしいものが、他の読者においしいとはかぎらない。それはどんな著者のどんなテキストも同じことで、ということは、自分がその本に出会ったときの条件に応じて読書世界が独得に体験されるということです。

ここまでの前提で言えるのは、読書をしたからといって、それで理解したつもりにならなくてもいいということです。だって絵を見たって、どのように理解したかどうか、なかなかわかりませんよね。でも「なんとか展」に、また行くでしょう。セザンヌやカンディンスキーや現代美術を見るって、そういうことです。言葉だって、文章だって、そうなんです。けれども絵をいろいろ見ているうちには、ピカソの何かが忽然《こつぜん》と見えてきたりする。本も、そういうものです。

だから読書というのは、読む前に何かが始まっていると思ったほうがいい。それを読書をするときだけを読書とみなしているのが、とんでもないまちがいです。だいたい、本はわれわれが読む以前から、「読む本」になっているわけですよ。

テキスト（本文）がすでに書かれているというだけじゃない。テキストはたしかに読むしかないんですが、それも速読術以外にいろいろの方法がありますからあとで説明しますが、それだけではなく、本の著者やタイトルやサブタイトル、ブックデザインや帯や目次などは、読む前から何かを見せている。そういった、読む前の本の姿や雰囲気も、実はもう「読書する」に入っていると思います。ということは、図書館や書店は、その空間自体が「読書する」なんですよ。

——それも新鮮な見方ですね。

ゴシックの教会は「立体化された聖書」だと言われますね。密教寺院は「読むマンダラ」ですよね。図書館も書店も、本来はそういうものです。

しかし他方、私たちのアタマやココロも、いわば「穿《うが》たれた書物」でもあると言うべきなんです。もうちょっと正確にいえばわれわれは「マイナスに穿たれた書物」なんです。この両方を一緒に見れば、書物とわれわれの関係は、いわば「型と逆鋳型の関係」にあると言っていいと思います。ぼくはそれを、互いが互いの「抜き型の関係」になっているというふうに見ています。ということは、本はわれわれの一部であって、われわれはまた本の一部なんですね。

――そういう書物との関係って、ほとんど語られてこなかった。

そうかもしれませんね。さて、そうなってくると、本の中身にあたるテキスト（本文）は、著者が勝手に書いたものではあったとしても、そこには、そのなかの〝どの部分〟かに、読み手が待っていた意味がひそんでいるかもしれないということになります。読書は、そういう潜伏性をもってパンドラの箱を開けるということです。それがわかると、読書はとたんにドキドキしたものになる。

ではここからは、ぼくの読書術や多読術の方法の案内になりますが、まずは二つのことをススメておきたいと思います。

ひとつには、自分の気になることがテキストの〝どの部分〟に入っているのか、それを予想しながら読むということです。この、「予想しながら」というところがとても大事ですね。

もうひとつは、読書によって読み手は新たな時空に入ったんだという実感をもつことです。そのことを読みながらリアルタイムに感じることです。この「リアルタイムに感じる」ということが大事です。読んでいる最中に何を感じたかも、マークしておきたい。

そこで、ぼくはこの二つのことをあらかじめはっきりさせるための方法として、読みながらマーキングをすることを勧めています。鉛筆でも赤ボールペンでも、読みながら印をつけていく。これはそうとうに、おススメです。やっていくと、マーキングが読書行為のカギを握っているという気になるはずです。

ぼくが本人に聞いたところによると、養老孟司《たけし》さんは2Bの鉛筆でマーキングをするんですが、2Bの鉛筆が電車の中や旅行先でないときは、その本に集中できなくなると言っていた（笑）。つまり2B鉛筆が手元にないと読む気がしないんです。2Bが養老読書術のカーソルなんですね。でも、これぞ本道です。

――マーキングの方法は任意でいいんですか。

最初は好きなマーキングでいいでしょうね。傍線を引くとか、気になる単語や概念を線で囲むとか。いろいろな印をつけてみるとか。それをさっさとやる練習をします。まずは読みながら、単語や用語や気になる文にマーキングするという習慣を、身につける必要がありますからね。だから好きなスタイルでやったほうがいい。

でも、少し慣れてきたら、マーキングの印《しるし》をいろいろ決めていくといい。人名と概念を分けるとか、同意マークと疑問マークを分けるとか、著者の強調箇所と読み手が気になった箇所とに、別々のマーキングをするとか、いろいろです。

では、なぜマーキングするといいのか。すこぶる有効なことがあります。ひとつは読みに徹することができるということ、集中しやすいんですね。もうひとつは、再読するときにやたらにスピードが上がるということです。

ぼくはいろいろマーキングをしてきたおかげで、ある時期からセイゴオ式マーキング法みたいなものがほぼ確定されてきたのですが、おかげで何年かたってその本を読むとき、マーキングを追うだけでその中身が初読時以上に立体的に立ち上がってくるというふうになりました。初読のときの、パンドラの箱を開けたときの懐かしいディテールまでよみがえってくる。もっともこの十年ほどは、本によってマーキングしたり、しなかったりで、それも使い分けています。

ただし、この「マーキング読書法」は、本をきれいにしておきたいという人には向いてません。また、いつか古本屋さんに売りたいという人にも、ご法度《はっと》です。ぜんぜん値がつきませんから（笑）。

しかし、ノートをとるのが好きな人とか、パワポ（パワーポイント）が好きな人には、ゼッタイに向いている。というのも、これは「本をノートとみなす」ということだからです。

密裏に流れているのではないかといった疑惑が取りざたされている。
前掲ニューズウィーク誌はこう言う。

「サウジ・アラビアは世界の石油埋蔵量の二五%を保有する。サウジはアメリカの石油の一〇%以下を供給するにすぎないが、かれらは世界の石油生産量を調整することによって、石油価格の安定化に寄与してきた。もしもサウジ王家が崩壊すれば（まだその可能性は少ないとはいえ）、イスラム原理主義体制がアメリカ経済へ石油の供給を続けてくれるだろうとは考えにくい」

巨大な石油埋蔵量とオイルマネーを掌握するサウジ王族、そしてその腐敗に反発する形で、テロリズムは生まれた。となれば、アメリカがなぜサウジへの米軍常駐に拘泥したのかが見えてくる。アメリカとしては、サウジが「第二のイラン」とならないように、早急に手を打たなければならない。そのためには、パレスチナ寄りの姿勢を世界に表示することが、反米感情の鎮静化に役立つ、こういった読みの結果がパウエル発言を生んだ背景として考えられよう。

ただし、このパウエル発言は、欧米紙では大きく、かつ詳細な解説付きで報じられたにもかかわらず、残念ながら、日本の新聞やテレビでは取り扱いが小さく、この翌日にワシ

ントンで開催されたアフガン復興会議にばかり関心が向いていた。

こういった両問題のリンケージは多くの論者が指摘する。たとえば、マレーシアのマハティール首相も、二〇〇一年一一月に開催されたAPEC（アジア太平洋経済協力会議）上海会議で、テロ問題の根っ子はイスラエル・パレスチナ問題だと明言した。

ただし、「和平近し」という希望が出れば、必ずその反動が襲ってくる。一二月四日未明には、イスラエル側がパレスチナ自治区を「テロ組織」だと批判して空爆し、多くの死傷者を出した。アメリカ・ホワイトハウスのフライシャー報道官は、「イスラエルは主権国家であり、イスラエルは安全に生きる権利を有する」（ワシントン・ポスト、二〇〇一年一二月四日）と、逆にイスラエルのパレスチナ爆撃の正当性を認める発言に終始した。なぜならば、イスラエルのシャロン首相の論理が、アフガニスタン空爆の「正当性」（テロリストをかくまう者はテロリスト）を訴えたアメリカの論理を踏襲するものだったからである。

この問題の深刻さを思い知らされる。

†「ダブル・スタンダード」とは何か

たしかに、グローバリゼーションによって、金融システムから生活様式や娯楽に至るま

「「伝統的社会」という範疇は、歴史の中で作られてきた文化的差異のすべてを単純な二項対立（西洋対東洋――引用者）の図式の中にまとめてしまう。その二項対立とは、それらの文化的差異を（西洋の）近代性という単一の、均質化された、中心的範疇に対置することで、それと同じように均質化し、無視し、抑え込んでしまうようなものである。……近代性と伝統という二元論に対する批判の背後には、二元論的な思考の理論に対する、もっと漠然とした不信感が存在しているのだ」（片岡信訳『グローバリゼーション』青土社、一一七－一一八頁）

近代性というものが西洋の独占物なのかどうか、非西洋側はそれを受容する客体にすぎなかったのかどうかという議論は残るものの、近代性を主導した原動力が西洋だったことは紛れもない事実である。問題は、そこに文化の優劣を貼り付ける傾向から、われわれの思考様式がけっして自由ではないということである。

「ローカル文化」を「農村生活の無知」と結びつけるマルクスの叙述に、「グローバリゼーションという言葉が使われる以前のグローバリゼーションの論者」というレッテルをトムリンソンは貼る。ここには、「近代性なるもの」に潜む西洋の帝国性についての率直な吐露が表れている。

尺度（アメリカニズム）の席巻だったことは否めない。したがって、グローバリゼーションという言葉は、「一九世紀には帝国主義と呼ばれていたものを、もっともらしく言い換えた言葉」（前掲『アメリカ帝国への報復』二五四頁）にすぎないという酷評すらある。

グローバリズムとはいえ、実質的にはグローバル・スタンダードという名のアメリカ的

ここでは、エルサレム出身で、アメリカのプリンストンやハーバードで教育を受け、コロンビア大学の教授職に就いたエドワード・W・サイードの名台詞《せりふ》を引きたい。

「オリエントは、ヨーロッパ（つまり西洋）がみずからを、オリエントと対照をなすイメージ、観念、人格、経験を有するものとして規定するうえで役立った。……オリエンタリズムとは、オリエントを支配し再構成し威圧するための西洋の様式《スタイル》なのである」（板垣雄三・杉田英明監修、今沢紀子訳『オリエンタリズム（上）』平凡社ライブラリー、一八－二一頁）

このオリエンタルやオリエンタリズムのサイードによる規定は、オリエントといえば地理的概念であり、あるいは、オリエンタリズムといっても東方趣味程度の意味合いにしか解釈してこなかった既存のインテリジェンスの「常識」を一変させてしまった。

セイゴオのマーキング　『ハイエナ資本主義』中尾茂夫著

しかもそのノートやパワポは真っ白のままではなく、すでに書きこみがしてあるノートや画面なのです。それを読みながら編集する、リデザインする。

それが「マーキング読書法」の愉快なところなんです。つまり本をノートとみなすことなんです。本は、すでにテキストが入っているノートなんですよ。

著者のモデルを見極める

――「本はノートである」ですか。これも画期的な定義ですね。では、読解力はどうすればいいですか。どんどん教えてください。

著者や執筆者のモデルの相違を感じるようになるといいでしょうね。あまり著者や作家や学者をエライ人だなどと思う必要はなくて、いま、この人が自分にプレゼンテーションをしているんだと思うんです。

著者というのは、実は自信ありげなことを書いているように見えても、けっこうびくびくしながら「文章の演技」をしているんです。そのための加工も推敲《すいこう》もいろいろやっている。

だから本というのは著者の「ナマの姿」ではありません。「文章著者という姿」なのです。もっとわかりやすいことをいえば、その文章著者は自分が書いたことをちゃんと喋《しゃべ》れるかというと、半分くらいの著者は喋れない。そういうものなんです。

ぼくはエディターの体験もいろいろしてきたので書くこと・読むこと・話すことの相異が人によってちがっていることがよくわかりますが、「話せる」ということと「書ける」ということは、かなり異なる能力に属しています。ですから、プラトンが対話篇で試みたのは、ソクラテスらの話言葉を書き言葉にどうしたら変えられるかということでもあったわけです。吉本隆明さんと何度か話すとわかりますが、吉本さんは自分が書いたことを、そのようには喋れない。「文章の男前」なんです。こういうことって、けっこう多い。

それはともかく、このように著者は「文章著者」ですから、そこには文体があって、なんらかの「書くモデル」というものが動いている。それをズバッと見るのが読解力のための読書のコツです。

——「書くモデル」ですか。

たとえば、学者と小説家、エッセイストとノンフィクションライターでは、この「書くモデル」がかなりちがっています。ノンフィクションライターでも佐野眞一《しんいち》と柳田邦男とではかなり異なるモデルをつかっている。このモデルを、われわれ読み手は「読むモデル」として活用するんですね。テーマや思想はそのモデルに乗っている「上物《うわもの》」なんです。

別の例でいいますと。たとえば松井とイチローでは、バッターという意味では、そんなにちがいはない。けれども、打ち方はかなりちがいますね。そこで、野球を見るファンたちも「松井はここを打った」「ここは見送った」という「松井のモデル」で松井を見ていく。イチローを見るときは「イチローのモデル」から見たほうがおもしろい。ピッチャーを見るときも、その「ピッチャーのモデル」で見る。そうすると、松井とイチローではピッチャーが投げる球がちがうことだってわかってきます。

それと同じように、著者の持っている「書くモデル」の特徴をつかめば、そのモデルによってだけでも、その著者の一冊が見えてくるということがおこる。そうすると、一冊の中の他の部分も、他の本も読めるようになっていく。

ざっとそのようなことを意識できたとしますと、次には、その「書くモデル」を、他の著書にもいろいろあてはめることができます。比較もできる。そうすると、だんだんモデルがたまっていく。これがその読み手の人の独自の「読むモデル」なんです。ぼくのばあいは自分で執筆もするので、そういうものがつねにラインアップされたり、球種の配球表になっています。

――スポーツのゲーム・メイクのようですね。

そう、そう、まさにそうです。ぼくの多読術はそこから出てきています。これは何かというと、一回の読書体験を、それがおわったからといって決してデリートしないということ、リセットしないということなんです。読書体験は消してはいけないのです。それが次の読解力につながっていく。

でも、これは当たり前のことですよ。洋服を買うときはみんなそういうふうにして、それまでの体験をかなりいかしているはずです。また宝石屋は「宝石のモデル」をもっているのだし、漁師は「漁猟のモデル」をもっているものです。ところが、最初にお話したように、世界の本には何でもありなので、ついついそうしたモデルの継承を忘れてしまうんです。これはもったいない。

たとえば、ぼくは折口信夫を二七歳のころにかなり読んだのですが、それはその後も長らく日本文化に関するリーディング・マップになったわけですね。

そのマップが正しいかどうかではありません。それより大事なことは、その後、柳田國男《くにお》や石田英一郎や宮田登や赤坂憲雄を読むときも、そのマップの上にモデルを重ねたり、比較できるかどうかということです。だからマップはいつも更新されていくといってもいい。その上にのるキーワードやコンテキストも、次々に更新登録されていく。そうすると、谷川健一の「ここの部分」、中沢新一の「ここがいいというところ」、赤坂憲雄の「高速な箇所」といったものが相互マッピングされて、しかもそれらは独特の「読むモデル」になっていくんです。試してみてください。

第四章　読書することは編集すること

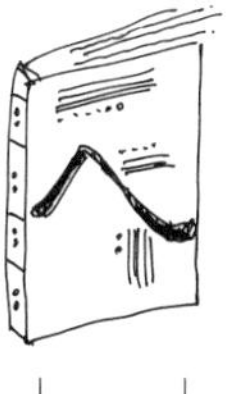

著者と読者の距離

――第三章では、「書くこと」と「読むこと」はつながっている、そして、有効な「読むモデル」があれば、読書はずっとしやすくなるだろうというお話でした。続きをお願いします。

これは、著者と読者とが、あるいは出版社と著者と読者と書店とが別々になりすぎているから、もっと近づいたほうがいい、もっと重なったほうがいいという話でもあるんです。

いま雑誌では、とくに女性誌やファッション誌が「読者モデル」というのを積極的に誌面に出していますね。なぜそうなっているのか。編集のコンテンツ・モデルと読者のコンテンツ・モデルがまじってきているからなんです。テレビでも、ずらりとクイズ解答者のようにタレントをスタジオに並べて、司会者による番組進行をしている。あれは「視聴者モデル」をタレントに代行させているわけです。

ところが単行本としての書物というものは、ちょっと澄ました顔付きの〝製品〟なので、著者は著者、読者は読者というふうになっている。なりすぎている。そのため、本の「読者モデル」が世の中に見えていないんです。しかも著者と読者は、サイン会や講演会など以外ではなかなか出会わない。

もっと著者と読者は向き合えるはずでしょう。なぜなら、ここが本質的なことなんですが、著者が「書く」という行為は、読者が「読む」という行為ときわめて酷似しているからです。そして、ここにこそ読書術や多読術のヒントがあるんですね。

すでにお話したように、著者というもの、意外にも書くことに苦労しています。いろんな複合的なエレメントが錯綜《さくそう》して、それをやっと捌《さば》きながら書いているのが実情です。一見して書いた文章は自信に満ちて、ときに理路整然と、ときに端然と書いているように見えますが、けっしてそんなことはない。そういう著者は百人に一人か、千人に一人。実際には、複雑な文脈の可能性をやっとまとめている。さまざまなものが錯綜して、建築現場のように、街の雑踏のようになっている。

しかし、それをなんとかコントロールして書き上がったものは、まあまあの見映えのものになる。それはやっと「読むモデル」になったからなんです。つまり著者や編集者は、「書くモデル」をなんとか「読むモデル」にしていくということをしているわけですね。それが書物というものです。

もとをただせば、もともと「書くモデル」は「読むモデル」を目指さざるをえないということなんです。むろん、そんなことは知ったことじゃないという前衛的な著者や極私的な本もあるけれど、それは例外です。

さて、そうだとすると、これを「読書する」というほうから眺めますと、本を書く前でも、本を読む前でも、実は相互に似たような「読書世界」が前提になっていたということなんですね。

——なるほど、セイゴオさんは「書き手」の名人であって「読み手」の名人でもあるから、そのことがよく見えるんですね。

いや、とうてい名人ではありませんが、書いたり読んだりしていると、そういうことが見えてくることはたしかです。それからぼくはエディターとして多くの著者に、著者として多くのエディターに、それぞれかかわってきましたからね。

それでわかることは、著者とエディターはほぼ同じことをしているということです。そこで両者は、章立てや文体の推敲《すいこう》などをして迷いをクリアーしているわけです。ただし、なんとかかんとかテキストができあがり、ゲラを一度か二度ほど校正して校了という段階になると、そこで著者の仕事はいったん切れていく。そして今度は新たな装いに向かって、エディターが「書物化」をめざすことになる。

ここからが「本」なのです。それまでは「テキスト」です。そうすると、そこにはタイトルやサブタイトルがつき、表紙の装丁や帯がつく。そして目次やヘッドライン（見出し）や中見出しが入ってくる。本文テキストや図版や写真は、そこに挟まれるソフトです。これらの仕事には版元の編集者の関与やデザイナーの関与がある。

しかし、できあがった本は直接には読者に届かない。今度はここから出版社の営業や書店員のほうの仕事になって、本は書店に並んで手に取られるのを待つことになります。ちょっとは書評や広告なども出ますけれどね。でも、読者からすれば、〝その本〟をずらりと並んだ書棚や平積みに見いだすには、けっこうな偶然や勘が必要ですよね。これはちょっとハンディキャップですね。

こういう経緯を見ても、われわれはもっと著者と読者とを、また「書くモデル」と「読むモデル」とを重ねてみたほうがいいのです。そのためにタイトルや帯や目次や中見出しがついているんですから。

――読者にとっては「書くモデル」と「読むモデル」の関係はどのように見えるんですか。

問題はそこなんです。でもこれについては、ちょっと難しい話になりますが、いいですか。そのかわり、ぼくの話を鵜呑《うの》みにしてもらっていい（笑）。

編集工学をやさしく説明する

――はい、ずっと鵜呑みにしていますが、次は何を鵜呑みにすればいいのか、教えてください。

まず、書くのも読むのも「これはコミュニケーションのひとつなんだ」とみなすことです。人々がコミュニケーションするために、書いたり読んだりしているということです。このとき、著者が送り手で、読者が受け手だと考えてはいけません。執筆も読書も「双方向的な相互コミュニケーション」だと見るんです。ここまではいいですか。

次にそのうえで、著者と読者のあいだには、なんらかの「コミュニケーション・モデルの交換」がおこっているとみなします。それがさっきから言っている「書くモデル」と「読むモデル」のことなのですが、そこには交換ないしは相互乗り入れがあります。正確にいうと、ぼくはそれを「エディティング・モデル」の相互乗り入れだと見ています。そこを鵜呑みにしてほしい。

――人々のコミュニケーションのなかには、セイゴオさんが考えている読書モデルのようなものがあるだろうということですね。それがエディティング・モデルですか。

私たちはふだんからいろいろな認知や解釈や発言をしているわけですが、必ずしもでたらめにそれをやっているわけではなく、それなりの情報編集をしています。

エディティング・モデルというのは、その情報編集をしているときにやりとりしているモジュールのことで、それを使ってわれわれは「意味」というものを探ったり、保持しています。つまり、コミュニケーションのなかで「意味の交換」を成立させているもの、それがエディティング・モデルです。この用語はぼくが作ったもので、当時の通信理論にもとづいた情報コミュニケーション・モデルとは別のモデルを提案するためのものでした。

当時の情報コミュニケーション・モデル理論は、ＩＴ通信業界ではたいへん有名な「シャノン＝ウィーバー型モデル」といわれているもので、送り手と受け手が通信回路を挟んで両端にいて、送り手がメッセージをエンコードして、受け手がこれをデコードするというふうになっていました。これは一言でいえば、「メッセージ記号を通信する」ための方式で、この方式が、メッセージは送り手から受け手に渡っても内容が変化しないという大前提をつくっていた。

メッセージが記号化されることによって、通信回路のなかで劣化したり変質しないというのは、通信業務にとっては不可欠の条件です。でなければ電話もデータ通信もできません。だからたいへん重要な大前提なのですが、しかし、人間と人間、あるいは人間とメディアの関係は、この通信的なコミュニケーションだけでは成立していないともいうべきです。

むしろ多くのコミュニケーションでは、日々のなかでコミュニケーションしているうちに内容が変化していくほうがふつうです。これは「連想ゲーム」などをやってみれば、すぐわかります。

では、メッセージが途中で変化しているのに、それでもコミュニケーションが成立すると思えるのはどうしてか。それは、社会のどこかに必ず「理解のコミュニティ」があるからです。そういう〝理解の届け先〟をそれぞれが想定しあっているからです。それが社会というものです。だからみんなも生活できたり、仕事ができる。ただし、全員一致のコミュニティなんかではありません。何らかの「ズレと合致のゲーム」が成立しようとしているようなコミュニティです。

ぼくはそういうものを想定して、コミュニケーションでは「メッセージが通信されている」のではなく、「意味を交換するためのエディティング・モデルが動いている」のだというふうに考えたんですね。さきほど「書く」と「読む」のあいだは「編集する」ということでつながっているというようなことを言ったわけですが、まさにそのことと同じです。コミュニケーションは編集的につながっているんです。

このことをわかりやすく説明するには、ちょっと編集工学のことをさしはさむ必要があります。

――いよいよ編集工学の登場ですね。やさしく説明してください。

編集工学というのは何かというと、かんたんにいえば、コミュニケーションにおける情報編集のすべてを扱う研究開発分野のことです。人々のあいだ、人々とメディアのあいだのコミュニケーションです。

だからそこには研究対象として、脳もメディアもコンピュータも、言葉も身ぶりもヴィジュアリティも音楽も入ります。遊びや広告も、ね。それもたんなる情報処理ではなくて、そこで情報編集がどのようにおこっているかを研究する。それが編集工学です。「形式的な情報処理」ではなくて、「意味的な情報編集のプロセス」を研究して、そこに人々の世界観がコミュニケーションを通してどのように形成されていくか、変容されていくかということを展望することが目的です。

ここで「編集」というのは、新聞や雑誌やパソコンや映画やテレビや音楽の編集や、それこそ書籍の編集でもあるんですが、それだけではなく、もっともっと広いものを含みます。だから歴史や政治や、ダンスや料理やスポーツゲームも、編集工学にとっては編集です。

それらのなかで、情報や知識やイメージがどのようにコミュニケーション・プロセスによって変化していくのか、そこにまたどのような編集技術がどう関与していくのかということに注目します。そして、そのプロセスでどんな「意味の変容」や「意味の交換」がおこっていくのか、それを適切に把握する編集技術や編集感覚がありうるのかどうかということを展望する。

そのような編集工学で、とても大事にしていることがあります。それはね、「記憶の問題」

と「表現の問題」です。

――どういうことでしょうか。

一般的に人間の記憶は、アタマの中に刺激情報が入ると、それが記憶構造のどこかにストックされると考えられています。あるいは既存の記憶のパターンと新たな情報がパターン・マッチングされると考えられている。これは、アタマの中に記憶構造のようなものがあるという見方です。記憶が分子のようにみなされて、それが脳の特定の部位に付着する。そういう見方ですね。

けれども編集工学では、はたして記憶は分子のようなものとして局在するものなのか。むしろ脳の中の「場」のようなものを活用して、少しずつ図柄を動かしているのではないか。そういうふうに考えるんですね。つまり、情報は記憶構造に管理されるのではなく、編集構造として動的に維持されると考える。そして、その編集構造が変化しながら記憶を変容させていると考えるわけです。

これをいいかえると、「情報が記憶構造にあてはまっていく」のではなく、「編集構造が情報によって記憶されていく」というふうになります。

こういった編集工学の考え方からすると、私たちが記憶やコミュニケーションや表現をすることができるのは、記憶能力やコミュニケーション能力や表現能力にそれぞれよっているのではなくて、それらを連結させている編集構造によっているというふうになっていくわけですね。これは、記憶力や表現力よりも、編集力がいろいろな記憶や表現の基本力になっているだろうということです。そして、この連結する編集力のなかで動いているのが、エディティング・モデルなんですね。

ワイワイ・ガヤガヤの情報編集

――なるほど、編集力がコミュニケーションを進め、そこに「編集の型」のやりとりがあるということですね。

そうですね。たとえば、広場で子供たちがガヤガヤと輪になって喋《しゃべ》りあっているとしますね。そこにもう一人の子がやってきたとする。その子はガヤガヤとした状態から、何かの意味を感じようとします。それは、それまでガヤガヤと言ってきたすべての情報からの総合判断ではなくて、その情報をやりとりしていた雰囲気やモダリティ（様子）やちょっとした片《へん》言隻句《げんせきく》から感じとる何かです。

これは最近では「察知能力」とか「セレンディピティ」（偶発性がつくる発見能力）などともいわれますが、ようするにその子は、その場のエディティング・モデルの一端の特徴を抜き取ったということなのです。そして、ガヤガヤとした会話の輪の中に入っていった。ちなみに最近は、「KY」（空気が読めない）といった変な流行語がありますが（笑）、これも深いレベルでとらえなおせば、編集構造やエディティング・モデルと密接な関係をもつものでしょうね。

いや、それは冗談で、もう少し詳しく言いますと、こうなります。私たちは知覚活動やコミュニケーションにおいて、外側の刺激に応じて脳の内側でそれと等価の情報を別の記号に変換しているのではない、ということです。

コミュニケーションは記号変換ではないんです。また、ワイワイ・ガヤガヤしながら思いついた言葉を喋っているときも、「記号の郵便物」や「通信物」を相手に届けているのではないということです。

そうではなくて、私たちはそうやって取り交わされる情報のやりとりのプロセスで、互いに似ていそうだと思える「編集構造の断片」やエディティング・モデルになりそうなものを互いにさぐりあいながら交換しあっているのだということです。これをぼくは「編集的相互作用」とも名付けています。

――そうか、読書もその編集的相互作用のひとつであるということですね。

そうですね。それをもうちょっと難しくいうと、コミュニケーションとは「メッセージ記号の通信行為」ではなくて、「意味の交換」のためにおこなわれている編集行為だということです。

それが、書物や読書にあてはまるはずだということです。そうすると、著者が何かを書いて、それがエディターによって本になり、書店でそれが並んで読者の一人に入手され、そしてその本が読まれるというプロセスは、このプロセスのすべてにおいて流通しているのは、実のところは「意味の作用」というものだったということがわかってきます。

そして、本というのは、このプロセスを著者たちと編集者たちが自在に切り取って、書物というパッケージ・メディアにしたものだと考えられるわけですね。

ぼくはさらに、このプロセスにはいわば「意味の市場」ともいうべきものが確立していたというふうにも見ています。この「意味の市場」は、版元や印刷所や取次や書店という領域だけにあてはまるものではありません。また、「本」だけにあてはまるわけではない。さっきのワイワイと喋っていた子供たちの輪にもあてはまる。「場」があるんです。そこは子供たちにとっての「意味の市場」だったんですよ。「理解のコミュニティ」だったんです。

言葉と文字とカラダの連動

――かなりダイナミックなしくみが見えてきました。そもそも「本」はそうした「意味の市場」や「理解のコミュニティ」を求めているんですね。

生きたコミュニケーションって、知識がつくりあげた既存の情報構造にあてはめてするものじゃないんですよ。それはたんなる○×テストです。マッチングです。そうではなくて、本来のコミュニケーションは、その場に生じている先行的な編集構造が先にあって、そこに自分なりの、また、その場なりの相互の「抜き型」をつくっていくことなんです。

読書というのは、まさにこの行為です。著者が「書くモデル」をつくったところへ、読者は自分のもちあわせているエディティング・モデルを投げ縄のように投げ入れて、そこに「読むモデル」を括《くく》って、自分のほうに引き上げ、何かを発見していくことなんです。

そして、これを拡張していけば、一冊の本に出会って読書をするということは、大きな歴史が続行してきてくれた「意味の市場」でそのような体験を再現し、再生し、また創造していくということなんですね。本はそのためのパッケージ・メディアです。

――ということは、一読者の読書も、そうした歴史のなかの読書の歴史に知らず知らずに加わっているということですか。

まさにそういうことになりますね。さらにいえば、その読書の歴史にちょっとした改変を加えるということでもあるでしょうね。

そもそも読書の歴史って、時代ごとにずいぶん変わってきているんです。次にその話をしましょうか。いちばん大きな変化は、「音読《おんどく》」から「黙読《もくどく》」に変わったということです。

――音読から黙読へ、ですか。

あまり知られていないことですが、人類が黙読（目読）ができるようになったのは、おそらく十四世紀か十六世紀以降のことです。それまではほとんど音読です。

音読というのは、文字を見て、それを声にすることです。ですから、みんなぶつぶつ声を立てて本を読んでいた。ヨーロッパ中世の図書館の図が残っているのですが、それを見ると書籍には鍵がついていて、その鍵ごと書籍をキャレルという閲覧ブースに運んで、司書がまた鍵をかけ、閲覧者はそのブースに立って読むようになっています。ところが、そのブースは互いに離れているだけではなく、ちょっとした衝立《ついたて》がついている。つまりみんながぶつぶつ声を出して読むから、互いの声がまじらないように、邪魔にならないようになっているんですね。

日本の『源氏物語絵巻』にも、公達《きんだち》と女御《にょうご》が二人でうつぶせに寝そべって絵巻の詞章《ししょう》を読んでいる場面があるのですが、それを女房が几帳《きちょう》の陰から盗み聞きしている絵柄がある。これは二人が声を出して絵巻を読んでいる証拠です。音読しているんです。「夕霧」にも公達が読んでいる手紙を、女房が襖《ふすま》の陰で聞いている場面がある。

幼児や低学年の子供もそうですね。絵本はお母さんが声を出して読み、それを幼児は聞いている。小学校に入ると、みんなで「こくご」の教科書を声を出して読む。つまり、人類の可読力はもともと声と文字との一体性のなかで育まれてきたものなんです。空海も『声字実《しょうじじつ》相義《そうぎ》』のなかで、声と文字と意味とは一体になっていると書いている。

ところが時代がすすむにしたがって、その「音読社会」がしだいに「黙読社会」になっていった。子供も成長するにしたがって、音読しなくなる。その文明文化史上のきっかけは、活版印刷の普及だったろうと考えられています。

なぜなら、それまで本は写本されていた。写字生や書写僧が一行ずつ原本を書写して、本をつくっていた。このとき、一行ずつをアコースティックな声に出しながら写していたのです。それが活版印刷が普及すると、次から次へ同じ文面が印刷されていくのですから、そんなことをする必要がなくなっていく。そのうち、声に出して読むという習慣そのものがすたれ、近代的な黙読社会が確立していったというわけです。


――音読から黙読への変化は何かもたらしたのですか。


このことを最初に指摘したのはミルマン・パリーという文法学者のホメロス詩の研究なんですが、この見方を広げたのはマーシャル・マクルーハンです。このとき、マクルーハンはとても興味深いことを仮説した。

それは、人類の歴史は音読を忘れて黙読するようになってから、脳のなかに「無意識」を発生させてしまったのではないかというんです。言葉と意識はそれまでは身体的につながっていたのに、それが分かれた。それは黙読するようになったからで、そのため言葉と身体のあいだのどこかに、今日の用語でいう無意識のような「変な意識」が介在するようになったというんです。かなり特異な仮説ですね。

――それは聞きずてならないですね。

そうですよね。もしそうだとしたら、文明文化の大事件です。それにそうだとしたら、「読書と無意識との関係」という大問題がここにあるということです。しかし、この仮説が正しいかどうかはべつとして、ぼくはそれに近いことはありうるとも思うんです。音読から黙読になったときに、テキストの見え方や感じ方が変わるからです。

テキストを声に出して読むことは、声によって文字や言葉がもっている意味を自分のカラダの一部に響かせつつ連動させているということです。これは能や歌舞伎や、また歌をうたうということを想定してもらえば、おおむねわかることでしょう。誰だって、歌うということは、言葉や文字をいったんカラダに入れているということですからね。カラオケがそうですね。歌詞の文字を見て、それを声に出していく。したがって、そうしたパフォーマティブな芸能では、言葉と文字とカラダは強く連動しています。それをつなげているのは「声」です。あるいはリズムや拍子や「間《ま》」というものです。

本を音読してみると、実はこのことが立ち上がってくるんです。文字を追いながらリアルタイムに音読するわけですが、自分の音声のもつ振動的な分節性が、その振動ぐあいとして意味を体感的なものにしていくからです。

それに対して、黙読は、テキストをひたすら視覚的に見ていく。まさに視認行為が意味の動向を司っていく。これは目で文字を追うという視線カーソルが、視神経からダイレクトに脳の中へ捜しにいっているというコースです。視覚的な刺激と意味の刺激へ一挙に行こうとしているわけです。

けれども、多くの人が体験しているように、黙読による読書中に意味がはっきりしなくなることって、いくらでもおこるわけですね。「あれ? 何だっけ」というふうに。そうすると、脳のほうへカーソルが行ってみたにもかかわらず、そこで行く先がわからなくなるということがしょっちゅうおこりうるということになる。音読ではないから、聴覚も口唇《こうしん》も口腔《こうくう》もかかわらない。目から脳へ、情報は直行しています。

さあ、そうすると、そこをマクルーハンらは指摘したのですが、そこに「無意識」とか

「下意識」といった領域が隙間《すきま》のようにできて、それが少しずつ領域を広げていくということにもなりかねないわけです。

これが黙読がおこした事件です。まだ確証されたことではないのでなんとも言えませんが、ひょっとしたらありうることでしょう。

マッピングで本を整理する

――それでは、いよいよ「多読術」の具体的な伝授を願いたい。セイゴオさんはどんなスキルを使ってきたんですか。とっかかりは何にすればいいですか。

いちばん最初に申し上げたように、「多読」と「少読」は本質的には同じスキルなんですが、むろん多読のためにはそれなりの関心や手立てが必要です。でも、基本はあまりジャンルにこだわらずに、好きにいろいろな本に遊んでみることです。縦横無尽に本の世界に浸るということですが、でも、これだけではどうしたらいいかわかりませんよね。

そこで、ぼくは「本をノートする」「本をマッピングする」ということをした。読書を続けていくと、その内容がすぐに厖大《ぼうだい》になって、たちまちはちきれてきますね。むろんそれらを記憶していくのはとうてい不可能です。しかし、さっきも言ったように、情報や知識は記憶構造に入れるべきではないんです。アタマの中の編集構造に入れていくように、自分なりのノートにマッピングしていくということです。

――本をマッピングするというのは、メモをとることとちがうんですか。

いくつかの方法があります。ぼくが最初に作成したのは「年表」です。クロニクル・ノートですね。

これはノートを数冊用意して、まず一万年前から紀元前をへて、現代まで年号をふる。たしか五冊くらいのノートにしたと思います。ページの間隔は見当で、あけておきます。で、読んでいる本に年号が出てきたら、その事項をこのノートに片っ端から書きこんだ。途中からそれではめんどうなので、ひとまず読みながら欄外に年号を書き、一冊読みおわったらそれをまとめてクロニクル・ノートに写すというふうにしました。

これって、最初はまことに遅々としたものなんだけれど、ときどき前に書きこんだページに新たな年号事項が加わって並んだりすると、なんだかとても嬉《うれ》しいんですね。それでがんばった。もっとも、これも途中から気がつくんですが、同じ欄に政治も美術も事件も入れるのはつまらないので、しだいに何本かのトラックをつくるようになって、少しマッピングをおもしろくしました。この成果が、やがて電話百年を記念する出版物としてＮＴＴから頼まれた『情報の歴史』になるわけです。

——評判になった『情報の歴史』には前歴があったんですね。

次に作成したのは「引用ノート」です。これは、気に入った箇所のセンテンスやフレーズをノートに書いていくというものですが、最初に孔《あな》あきのルーズリーフを使ったこともあって、何度もしくみを変えた。

この特色は、どの項目にどの引用をマッピングするかということで、それが勝負の分かれ目です。のちにワープロもハイパーカードも出現してきて便利になったけれど、当時はノートにいちいち自力で書きこむんだから、ちょっとたいへんなんですが、このトレースをしつづけるということが、いいんです。白川静の漢字研究って、このトレースですよね。

どういうふうにしたかというと、最初にノートを数冊用意して、そこに「論理のおもしろさ」「当初のイメージ」「イメージの分岐」「数学的表現」「エロティシズム」「せつなさ」「知

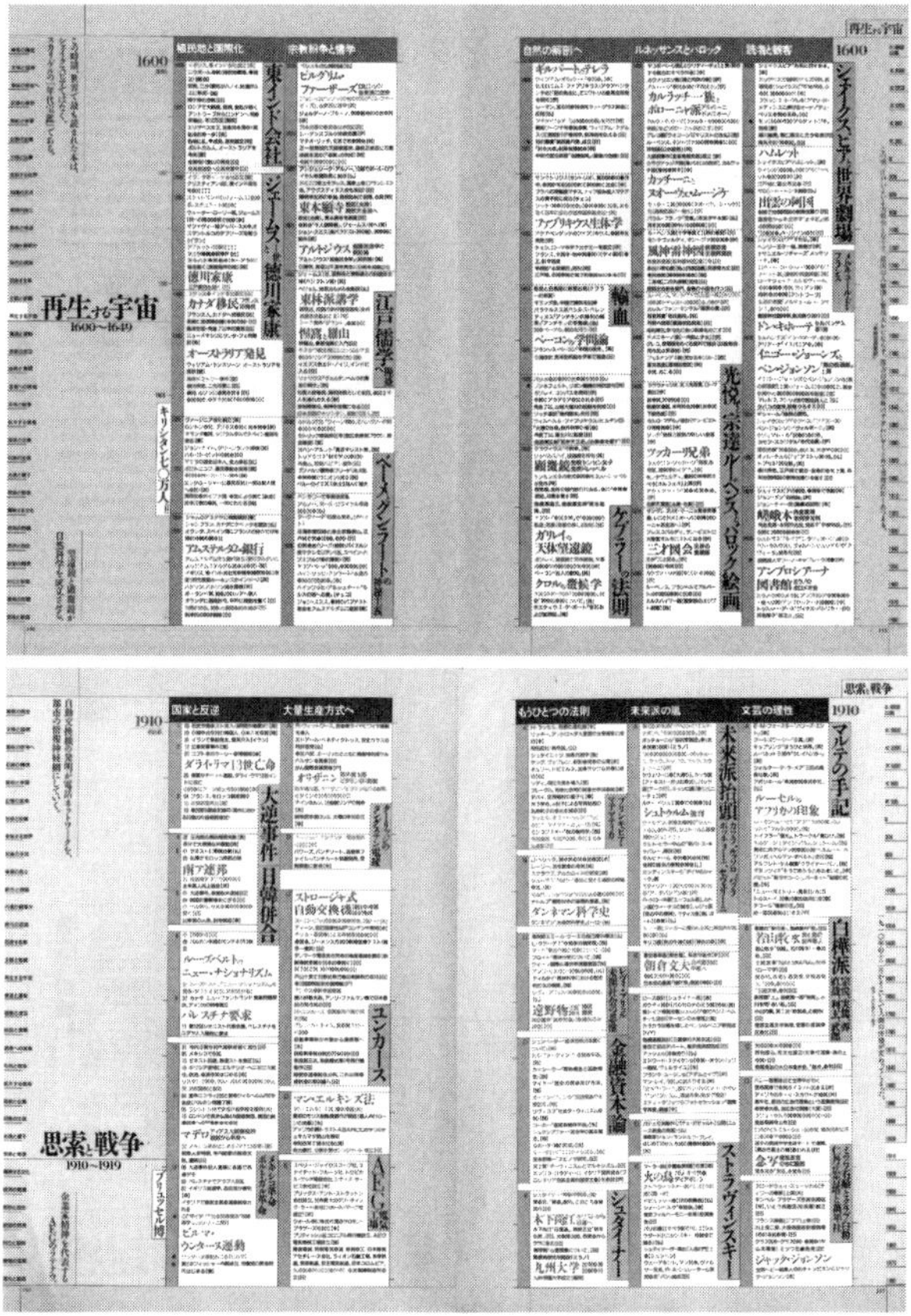

『情報の歴史』の一部

的ジョーク」「漢詩の一節」「俳諧《はいかい》の気分」「ハードボイルド感覚」といった項目をふっておくわけです。この項目は好きに選んでかまいません。まず、やってみることです。ただし、これってキリなくありうるので、どの項目が適切だかは最初はわからない。けれども、やっていくうちに、だんだん新しい項目がふえるとともに、同一項目がだんだん分岐してもいくんですね。

で、本を読んだら、これらの項目にふさわしいフレーズやセンテンスをノートに写すんですが、これも最初はそのつど書き写していたのが、しだいに本にマーキングをして、それがまとまったら写すというふうにした。

そうすると、マーキングをするときの項目別のマークが重大な「リンク記号」になるのですから、今度は読んでいる途中にその項目別リンクをいかにスピードをもって、すばやく、かつ認知度を高くマーキングするかが、重要な作業になるわけです。実は、ぼくの「マーキング読書法」の基礎はここから派生していました。

こうして、しだいに「引用ノート」が充実してくる。そうすると、これは本を一冊ずつ別々に読んでいるのではなく、いろいろな本のセンテンスやフレーズが別の「つながり」をもってきたということだということも見えてくるんですね。むろん「引用ノート」なのですから、ぼくが何かを書くときの引用にも使える。

――読みながら傍線を引いたりページの端を折ったり、付箋《ふせん》をつける人は少なくないと思うんですが、それらを別のノートで再編集したということですね。

ぼくの読書術は「リンクをふやす編集的読書法」を基本にするものですから、そのためのリンキング・ワールドの入口を自分でつくっていくということですね。これはそうとうにエキサイティングでした。

たとえば、西田幾多郎《きたろう》の本とタルコフスキーの映画本と大島弓子のマンガと江戸川乱歩の小説とロラン・バルトの哲学があったとして、これらをぼくが読んだとき、そこにさまざまな「メモ」や「強調」や「事項分類」や「引用対象」がのこっていくわけです。これらを、別のノートのテイスト別のページに引っ越しさせていくと考えればいいでしょう。これはアタマの中だけではとてもできません。しかもやってみるとすぐわかりますが、西田幾多郎とタルコフスキーと大島弓子と江戸川乱歩とロラン・バルトの部分の一節は、不思議に同居したり、隣接するものなんです。

そういうことは、読みながらときどきアッと思うときはあっても、すぐうたかたとして消えていく。それがノートなら残るんです。そしてしだいにおもしろい配置と組み合わせになっていく。こうしていけばもっと本を読みたくなりますよ。

本棚から見える本の連関

――やっと多読術の秘密の入口が見えてきた気がします。ほかにはどんなアプローチがあったんですか。

次は、そうですね、「本棚との親和性」をもっていくということですね。書棚と仲良くなることです。三宿のアパートで粗末な本棚を作ったことは話しましたが、ぼくはずっと「読書世界と本棚とは一体だ」と思っている。

CDやDVDには必ず再生機というものがありますね。昔ならレコードにはプレイヤーやオーディオセットが、ビデオにはビデオデッキが、カセットテープにはテープレコーダーがセットになっていた。それがなければ再生はできません。再生しなければ、中のコンテンツはわからない。ところが書物はページを開いて読んだら、また閉じるだけ。そこには何の仕掛けもないと思われています。が、そうじゃないんですよ。書物は書棚とワンセットなんです。本棚がカセットデッキなんです。

これは書店に行けばすぐわかることで、すべての本は書棚に並んでいる。そうでないものは平台《ひらだい》という五、六〇センチくらいの台に平積みに置いてあるのですが、これは一時的なディスプレーで、よほどのベストセラーやロングセラーでないかぎり、いずれ書棚のしかるべき位置に入っていく。つまり書物は本棚とセットになっていて、書棚に並んでいるときも多様なコンテンツをめぐるラベル機能とかシンボル機能を発揮しているんですね。

そしてそこには、ぼくが決めている〝原理〟がある。それは「本は三冊の並びでつながっている」というものです。つまり本というものは、書店で本を見るときも、めぼしい本が目に入ったらその左右の一冊も見て計三冊にして、その「三冊の並び」を感じてみるといいというものです。

——そういえば、セイゴオさんが校長のイシス編集学校のプロデュースで、各地の書店で「三冊屋」というフェアが開かれていますね。

そう、あれもそうです。あえて「三冊の並び」を意識してもらうために、ぼくの知り合いの著名人やイシス編集学校の師範や師範代たちに「私のすすめる三冊」を選んでもらって、それをわざと紐《ひも》で結んで書棚に入れました。編集工学研究所の若手スタッフが思いついた「三冊屋」という企画ですが、おもしろいですね。評判もいい。

あれでもわかるように、もともと本は左右三冊ずつの並びをもって、書棚のなかで右にも左にも数珠《じゅず》つなぎにつながっているんです。これがそもそもの書物たちのスタンディング・ポーズです。基本セットです。もちろん五冊でも七冊でもいいですが、私たちの視線の動きと「本の背」が発する情報量からいって、基本単位は〝三冊つなぎ〟になっているとみたほうがいいでしょう。

これは、いいかえれば多読術が三冊単位くらいで始まっているということです。それを読者も活用するといいんですね。

実際には、書店ごとに本棚の並びはかなり異なっていますから、まずはお気にいりのやや大きめの書店を選んで、何度もそこへ行って、気になる棚の本の三冊ずつの並びを機関車がアプト式の軌道をジグザグに動いていくように、目で追ってみることです。これに近いことは誰でもやっているでしょう。けれども〝三冊つなぎ〟を意識してやると、もっと抜群の効果を発揮します。

書店で展開される「三冊屋」

同じことを、自分の部屋の本棚や仕事場の本棚でも試みます。自分の蔵書のすべてを、持ち合わせの本棚でいいですから、納得がいくまで並べてみるんですね。もしも本棚が足りなかったら、ここはがんばって入手するか、箱を積んででもやったほうがいい。

そうすると、すぐに意外なことがわかります。まず、自分が書物たちに対してどんな世界観をもっているかが問われる。また、AとBとCの本を並べるにも、その本の特色をどう見るか、これが問われる。それを感じるには、ついつい並べながら本をペラペラめくっていくことになる。それがいいんですね。それも読書なんですから。

――自分の本棚にどういうふうに本を入れるのか、あまり意識したことがなかったですね。

ぼくのばあいは、一年に一、二度はその並びを徹底的に変えていました。ぼくは「遊」を創刊した工作舎をつくって三年目あたりで、新宿の番衆町のマンションに引っ越したのですが、そこで蔵書のほとんどすべてを仕事場に並べた。というのも、そのマンションの一室に住むことにしたからです。

それで、まだ三〇〇〇冊か五〇〇〇冊くらいだったと思いますが、そのための書棚も三宿のアパートのときと同様、全部自分で作った。そうすると、どの本をどのように並べるかということをラフな設計図に配当しながら本棚を作るので、その本棚の段や区切りごとに本がぴったり並ぶんですね。本棚ハードと書物ソフトが照応してくる。

結局、まるで違い棚がいっぱいあるような不思議な本棚になりました。でもそれって、当時のぼくのアタマの中の「知の配当図」そのものなんです。おまけに、それをスタッフ全員が見ることができる。

やがて渋谷の松濤《しょうとう》の山手通り沿いの一軒家を工作舎にしたときは、それをうんと拡張して、伊勢丹が特製販売していた書架を数十台一挙に仕入れ、ルームごとに分類して本棚世界を作ってみることになります。この書棚はダボで中段の高さだけは変えられるようになっていたものです。そのかわり、タテ仕切りの自由はなく、違い棚もつくれない。

ともかくもこのときは書棚が一定のシステムになったので、何度も何度も並べ替えをしました。その作業にはいつも二、三日をかけた。いま、思い出しましたが、これに感心した荒《あら》俣宏《またひろし》君が興味をもって、「この本の並びを記録したい」と言い出して半年ほど通ってきたものです。

――図書館はそうした本の並びの宝庫であるわけですが、ああいう図書分類ではダメですか。

あれはあれです（笑）。それなら図書館を利用したほうがいい。それよりまずは、町の大型書店です。それも「棚揃《そろ》え」に多少の意図をもっている書店を見る。もっと意図がはっきりするのは古本屋でしょう。古本屋はかなり棚ごとの定型《ていけい》で本を並べているので、しかもあまり本の並びが変わらないので、観察するには参考になると思います。ただし新刊書店も古本屋も、何軒も見たほうがいいですね。

というようなことを参考にしたうえで、自分の蔵書本棚を編集するわけですが、これはできるだけ「表向きの分類」にしないほうがいいですよ。極端にいえば、自分だけの〝三冊つなぎ〟を作りあげるべきなんです。そこにこそ多読術が始まっていく。

たとえば、シェークスピアが右端にあって左端にケプラーがあって、真ん中あたりに小林秀雄と折口信夫《おりくちしのぶ》が並んだ棚があるとします。これは、折口をいちばん左にしてケプラーとシェークスピアを真ん中にして、右に小林秀雄をおくという配列とは違いますね。それを決めてみるのが大事なんです。

お風呂で読む・寝転んで読む

——多読術へのいくつかのアプローチを伺ったのですが、次には実際の「読み方」をどうするかという方法を伝授していただきたい。

こういう見方はいままでなかったのですが、そもそも読書には、「読前術」「読中術」「読後術」があるんだろうと思います。読前術は本との接し方や目次読書に始まりますし、読中術にはマーキング読書やマッピング読書がある。読後術は本棚の並びにも、自分で感想ノートや感想ブログを書いてみることにもあらわれる。いろいろです。

で、一番気になるのは読中術ということだろうと思いますが、まずは、前にも言ったように速読術のノウハウ本なんてあまり頼りにしないほうがいいということです。

――速読はダメですか。

速読にとらわれるのがダメなんです。どんなテキストも一定の読み方で速くするというのは、読書の意義がない。それって早食い競争をするようなものですから（笑）。

誰だって経験したことがあると思いますが、自分がとても関心のある分野の本の読書は、そうとうに速くなるものです。たとえばヨーロッパ旅行を初めてするときに、ロンドンやパリの旅行本を何冊も買ってきて見るでしょう。しばらくすると、それらの共通項や相互の違いを読みとる速度はかなり上がっているはずです。

あるいは会社で何かの調査や資料分析をしなければならないときに、関連図書をごっそり渡されて見ていくと、だんだん文中の起伏が速く読み取れるようになる。論文審査なども同じで、たいへんそうに思われるかもしれないけれど、一度でも学校の教師やゼミの教授をやってみると、案外速く読める。これは似た内容のものは速く読めるということで、それが本来の速読術なんです。

ということは、こちらが似たものだと思えれば、本はどんな本でも関連して速く読めるということです。なぜならそこには「略図的原型」がはたらくからです。だから速読そのものを目的にしても意義がない。「略図的原型」というのは、似顔絵のようなものです。「意味の似顔絵」ですね。

――「略図的原型」ですか。なるほど、よくわかります。

さらに多読術にとって大事なのは、本によって、また読み方によって、さまざまな感情やテイストやコンディションになれるかどうかということです。その多様性を楽しめるかどうかです。

その多様性をぼくは、たとえば「ワインを飲むように読む」「アスリートのように読む」「温泉であたたまるように読む」「竹を割るように読む」「教えを乞《こ》うように読む」「強い格闘家と戦うように読む」「時間つぶしのために読む」「書くために読む」というような形容で、これまで説明してきました。

本はいろいろな読み方をするべきで、つまりは平均的な読書を求めてもダメだということですよ。ゆっくり読んでもいいし、お茶漬けをかきこむように読んでも、何人かで感想を言いあうために読んだっていいんです。いや、むしろそのようにギアチェンジをしてでも、多様な読み方をするべきですよ。それには、自分が読むときの読中感覚をイメージできるようにすることです。
これらはメタフォリカル（比喩的《ひゆ》）な言い方なので、なんとなくわかったような気になってもらうためのヒントなのですが、以上のことをわざとちょっと熟語っぽく言うとすると、たとえば次のようになりますね。「感読」「耽読」「惜読」「愛読」「敢読」「氾読」「食読」「録読」「味読」「雑読」「狭読」とか、また、「乱読」「吟読」「攻読」「系読」「引読」「広読」とか、それから「精読」「閑読」「蛮読」「散読」「粗読」「筋読」「熟読」「逆読」といったふうにね。それぞれどういう読み方か、想像してください。

——はい、なんとなく想像できます。では、そういう読み方になるにはどうするんですか。

明瞭《めいりょう》に「読書というのは平均的なことをするわけではない」と、強く思うことです。それにはいつも「自分の読中感覚」をできるだけ多様にイメージすることです。
ラーメンを食べるときはラーメン屋に行って箸《はし》を使い、フランス料理を食べるときはレストランでナプキンをかけて、ナイフとフォークを使うでしょう。本もそうやって読むんですよ。ただラーメン屋はラーメン屋が、フランス料理はレストランやボーイさんがそのスタイルやテイストを用意してくれている。それで私たちもその気になっているわけです。それを読書のばあいは、自分でやる。自分で読書テイストをつくっていく。そこにちょっとした工夫が必要なんです。

――その工夫とは？

多くの人がすでにやれていることがあります。それは通学電車や通勤電車で揺れながら本を読むと、けっこう集中できるということです。また、喫茶店に入って熱い珈琲《コーヒー》や紅茶を頼んで、文庫本などを読み始めると、そこへ珈琲や紅茶が運ばれてくると、スプーンをとって角砂糖を入れる手つきをしているあいだにも、けっこう本が読めている。

テイストの工夫とはそういうことで、お風呂で読むのも、ソファに寝転んで読むのも、そのひとつです。ただみなさんは、そういう読み方を強く意識していないだけで、それをもっと活用すればいいんです。ぼくのばあいは、たとえば明治の小説を読むときはゼッタイに渋茶と塩煎餅《せんべい》を用意する（笑）。最近はサラダおかきでもいいことにしましたが（笑）、森鷗外《おうがい》の歴史ものや幸田露伴全集ととりくんだときに動機づけたスタイルです。

一方、科学書を読むときは、できるだけ大きな机を選びます。初期にはなるべくヨコ組の本を選び、いくつもの類書をまわりにおいたまま、シャープペンシルでアンダーラインを引き、欄外にメモを入れるということを課してましたね。これまたゼッタイに２Ｂのシャープペンシルでした（笑）。それがタテ組の科学書になると、今度は必ず青ボールペンです。それも十五年ほど前からパイロットのＶコーン一本槍。そのうち赤のＶコーンも使うようになるのですが、いまは老眼があまりにすすんだので、もっと太いサインペンの赤も使うようにしましたけどね（笑）。

実はそうした文房具も大きな読書ツールなんです。前に養老孟司《たけし》さんの２Ｂの話をしましたが、あれです。それがラーメン屋の箸やフランス料理のナイフとフォークになる。

もうひとつは、これはスタッフたちも驚いていたようですが、けっこう服装を変えたりもしますね。集中多読のときは服装も変えた。ラフなセーターでニーチェを読むのと、ワイシャツにベルトをしてニーチェを読むのとでは、ちがうんです（笑）。よく、「ながら読書」はよくないと諭《さと》す先生がいるけれど、あれはぼくは大反対です。どういう「ながら読書」をするかを、むしろマスターしてほしいと思う。

――セイゴオさんが参考にした誰かの読書法って、あるんですか。

いろいろありますが、いちばん大きな影響をうけたのは「江戸の私塾」の読書法ですね。

江戸時代後半に各地で私塾が開かれて、多くの塾生がそこで学んだんですが、その根幹にあったのは読書だったのです。

これらは「郷学」といわれたもので、たとえば広島には菅茶山《かんちゃざん》がいて「黄葉夕陽村舎《こうようせきようそんしゃ》」と「廉塾」を開き、塾頭に頼山陽《らいさんよう》などを招いたりもした。そこで徹底されたのは「冬夜読書」というもので、寒い冬の夜のうちに読書の習慣をつけるというカリキュラムです。

大分県の日田《ひた》には広瀬淡窓《たんそう》の「咸宜園《かんぎえん》」があって「句読《くとう》」を徹底させています。一句ずつ読んでは解釈していく方法です。淡窓はまた月に一度は塾生を二〇名ずつくらい選んで一室に集め、お線香を一本焚《た》いているうちに読書させ、二本焚いているうちにその感想を漢文にさせ、さらに三本の線香が燃え尽きるまでに詩文にさせるという方法をやっている。これはすごいスパルタ読書法ですね。

ぼくが最も感動して真似したのは、兵庫県の但馬《たじま》に「青谿書院《せいけいしょいん》」を開いた池田草庵《そうあん》の方法ですね。但馬聖人とよばれた。のちに吉田松陰が真似をするのですが、二つありまして、ひとつは「掩巻《えんかん》」というもので、これは書物を少し読み進んだら、そこでいったん本を閉じて、その内容を追想し、アタマのなかですぐにトレースしていくという方法です。これはいまでもぼくもときどき実践しています。おススメします。

もうひとつは「慎独《しんどく》」で、読書した内容をひとり占めしないというもの、必ず他人に提供せよという方法です。独善や独占を慎むということ。これにもぼくは感動して、なるべく実践してきたと思いますね。「千夜千冊」を無料公開したのも、そこから出てます。

ちなみに、こうした「郷学」のほとんどすべてに共通していた特徴は、夜学的であるということです。当時の連中が昼間に仕事や勤めをしているからそうなるのだけれど、ともかく夜になって読書を深めるということを、どこでも徹している。実はぼくも夜学型（笑）。さきほども言ったように、この三十年間、ほぼ毎晩、午前三時以前に寝たことはないですね。読書というもの、夜に根っこをのばすんです。

自分の「好み」を大切にする

——いままで、読書が決して「受け身のものではない」ということを強調されました。それでは、読書と個性の関係はどう見ればいいでしょうか。

ぼくは、個性の本質は「好み」だろうと思っています。最初から個性というかたまったものがあるわけではない。「好み」の揺れ幅のようなものが個性をつくっているんです。

だいたい個性という言葉の語源はペルソナ（仮面）ですよね。それがパーソナリティ（個性）になった。ペルソナは猫っかぶりになるという意味ではない。何かに「なる」ということです。何になりたいかは「好み」によります。

だから、人にはそれぞれの本の読み方があり、好きに読めばいいんです。ベストセラーは読む、経済小説は欠かさない、新書は月に一冊は買う、ＳＦは極める、推理小説はベストテン上位三冊を追う、古典に親しみたい、子供のために良書をさがす。いろいろあってオーケーです。

筋読、雑読、乱読、閑読、いずれもオーケーです。ぼくも同じです。ただし、読書というもの、意外にその日のコンディションにも左右される。しばらくとんこつラーメンを食べていないから、そろそろこってりとした旨《うま》いラーメンを食べたいなと思っていても、その日になってカラダの調子がラーメンに向かっていないこともある。また、ふだんはラーメンを食べたあとは何も飲まなかったのに、その日は食後にどうしても珈琲が飲みたくなった、ケーキを食べたくなったということもある。

そのように、「口にするもの」も自分では気がつかないことがけっこうあるんです。そこが重要なところで、自分では気がつかないけれど、実は「好み」というものは細部においてはきわめて多様で、複雑だということです。その上に、おおざっぱな「傾向」というものがぼんやり成り立っている。「好み」は非常に多様で、バラエティに富んでいるのです。それが個性というものを成立させている。

むろん、世の中には毎日ラーメンを食べても平ちゃらな人もいるわけですが、ところがその人はその人で各地のラーメン屋を訪れて、その土地柄やどんぶりや味の多様性と出会うことによって、そのラーメン一辺倒の「好み」が平均化してしまうことをちゃんと避けているんですね。

読書にもそのような「好み」の多様性を維持できるテイストの工夫をすれば、もっといろいろな読書を楽しめると思います。

——「好み」から読書の個性をつくるんですか。

ぼくが「千夜千冊」を続けられているのは、そのせいです。それ以外ではないですね。「好み」が動かなければとても書けません。しかも、その「好み」の中身は、自分でもだんだん発見していくものなんです。深いところはまったくわからない。

——少々、具体的な例を話していただけますか。

そうですねえ。「千夜千冊」は、最初に中谷宇吉郎の『雪』を書き、第二夜にアイルランドのダンセイニの神話的な『ペガーナの神々』を、三夜に日本で中国書画論の道筋をひらいた長尾雨山の『中国書畫話《しょが》』を、四夜に脳科学と数学理論の仮説にとりくんでいるペンローズの『皇帝の新しい心』を、そして五夜目に陶芸家の河井寛次郎の『火の誓い』というエッセイ集をとりあげているんですね。

これが最初の一週間です。あえていろんな本を選んだのですが、自分ではここにどんな揺れ幅があるのかは、わかっていなかったんです。しかし、この五冊の感想をそれぞれ書いてみると、自分がそこでどんな言葉を使ったのか、どの時期の読書だったのか、何を読んでいるのか、初めて見えてきた。

それで、第六夜でジョナサン・グリーンの『辞書の世界史』という大著をとりあげた。これはそのころ翻訳出版されたばかりの本で、ぼくも初読です。それを土日にマーキングしながら読んで、六夜目にした。なぜこの本を選んだかというと、辞書の本って、総合的ですからね。何でも含んでいる。そうすると、その『辞書の世界史』の読み方のなかで、さきほどの一夜の『雪』から寛次郎の『火の誓い』までが、いろいろ踊ってくれるんですね。それはぼくも気がついていないことです。

これは、ぼくの読書の「好み」にはまだまだいろんな隙間《すきま》があって、しかもその隙間を埋めるものは何であるのか、ぼくもまったく気がついていなかったということです。このようにして、自分の読書リズムのようなものも、意外な深みのほうからちょっとだけ見えてくるんですね。

――なるほど、そこから組み立てが始まったわけですね。

いや、まだまだダメでしたね。というのは、そうやってスタートした「千夜千冊」なんですが、適当に読みやすかった本、感想を綴《つづ》りやすい本ばかりをとりあげていたんです。本には、すごく感動したり衝撃をうけても、それが何なのかよくわからないものもいっぱいありうるんですが、そういう本は避けていた。

そこで、一、二週間に一度ほどの割合で、そういう本をちょっとずつ入れるようにしました。たとえば十二夜にヴァレリーの『テスト氏』を入れたのですが、これはぼくの青春時代に雷鳴をもたらした一冊です。が、そのことをこれまでどこでも捉《とら》え返したことなんて、ま

セイゴオの読書スタイル
工作舎時代（上）と現在の松岡正剛事務所（下）

ったくなかったんです。それから十六夜に山本周五郎の『虚空遍歴』を入れた。これは泣けて泣けてしょうがなかった江戸時代の常磐津節《ときわづぶし》の芸人の話で、最後は北陸にまでさまよって孤独のうちに死んでしまう。

そういう本をやっと入れるようにしたわけです。そうすると、そのことでぼくの「好み」は表向きのものに対して、その裏側で何が動いていたのか、少しずつ見えてきた。

またたとえば、ぼくはアンデルセンの童話がやたらに好きだったんですが、でもグリム童話は子供のころからイマイチだったんです。その理由がわからなかった。説教くさいのか、気持ちが悪かったのか、ね。それで五八夜にアンデルセンの『絵のない絵本』をとりあげてみた。これはアンデルセン自身の自伝です。ずっと前に読んだ本でしたが、あまり中身をおぼえていなかったものです。

だからこわごわ読んで書くのですが、ああ、とりあげてよかったと思ったですね。それによって、やっと自分がアンデルセンに惹《ひ》かれていた気分がわかったからです。もっともグリムについては、あいかわらず違和感の正体はつかめず、それがやっと見えたのはそれから六年後の一一七四夜ですね。

もうひとつ、ついでに言うと、そのころ小川未明も大好きだったのですが、あまりに寂しい童話ばっかりなので、思い出すだに胸が苦しくなっていたんですね。それに未明については、長らく文芸批評や童話論のなかで無視されている。だからずいぶんほったらかしにしていたのですが、これはいかんと思って再読して書きました。

――何をとりあげたんですか。

一番に胸が苦しかった『赤いろうそくと人魚』ですね。これは、実はその五夜ほど前にメーテルリンクの『青い鳥』を、三夜ほど前に武田泰淳《たいじゅん》の『ひかりごけ』をとりあげて、ちょっとずつ準備をしていた。この三冊はぼくのなかでつながっているからです。

というようなわけで、読書は自分が気がつかない「好み」の背景も秘めているんですね。ちなみに小川未明については、その後、柄谷行人《からたにこうじん》さんが似たような読み方をしているのを知りました。

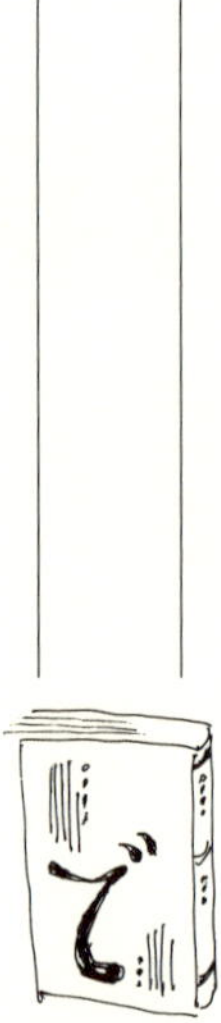

読書に危険はつきもの

――では、このへんで角度を変えてお聞きしたいのですが、読書に「効用」を求めますか。

それは大事な質問ですね。でも、答えははっきりしています。読書は「わからないから読む」。それに尽きます。

本は「わかったつもり」で読まないほうがゼッタイにいい。ぼくもほとんどわからないからこそ、その本を読みたいのです。読んできたのです。旅と同じですよ。「無知から未知へ」の旅。効用もそこにあるんじゃないでしょうか。その読書をもたらす書き手のほうも、実はわからないから書いている。多くの著者たちも、作家たちもそうですよ。自分では「わからないこと」だから、その本を、その作品を書いている。

これをいいかえれば、読書は「伏せられたものが開いていく」という作業だということです。そういうように読書ができれば、読書傲慢《ごうまん》にもならないし、読書退屈もしない。「伏せられたもの」が書物で、「開けていくもの」が読者です。鍵穴が書物で、鍵を入れるのは読者です。その関係の仲人《なこうど》を編集者や書店が用意する。だから、読書というもの、まさにパンドラの箱を開けるべく、その鍵と鍵穴の関係のプロセスに入ることが重要です。

――焦って「役に立つ読書」を求めないほうがいいということですか。

何だって役に立ちますから、あえて麗々しくそういうふうに思わなくてもいいんです。ぼくはときどき読書シンポジウムのようなところへ引っ張りだされたり、「ビジネスマンに役立つ読書特集」といった雑誌企画につきあわされるんですが、これにはいつも困るだけです。「役に立つ読書」について聞かれるのがつまらない。それって、「役に立つ人生って何か」と聞くようなものですよ。そんなこと、人それぞれですよ。

むしろ「読書は毒でもある」ということを認めていったほうが、かえって読書はおもしろくなると思います。これはとても大事なことで、本はウィルスでもあるし、劇薬でもあるんです。その一方で漢方薬でも抗生物質でもあるけれど、だからといってすべての読書において対症療法のように本を読もうとするのは、いささかおかしい。そんなことはムリです。そのことも勘定に入れておいたほうがいいですね。

読書はそもそもリスクを伴うものなんです。それが読書です。ですから、本を読めばその本が自分を応援してくれると思いすぎないことです。背信もする。裏切りもする。負担を負わせもする。それが読書です。だから、おもしろい。

――出版社にいる私が言うのもナンですが、読書には危険もあるわけですね。

当然です。でもね、危険やリスクが伴うぶん、深くもなっていくわけです。けれども他方では、読書するにあたっては、書物に対してリスペクト（敬意）をもつことも必要です。馬鹿にしてものごとを見たら、どんなものも「薬」にも「毒」にもならない。風景でも歴史でも、柔道でも野球でも、ポップスでもファッションでも、当初のリスペクトがないかぎり、最初からつまらないものにしか見えません。

ぼくは母がクリスマスに本を枕元においてくれて以来、本には名状しがたい「誇り」のようなものや「誉れ」のような敬意をもってきました。それがちっとも減衰しない。次に東販の「出版科学研究所」の仕事を手伝ったとき、その次は杉浦康平さんの本作りを見聞できたときというふうに、そのつど居ずまいをただされてきた。

あるとき、逗子の下村寅太郎さんのところに伺ったことがありました。日本を代表する科学哲学者です。そのとき七十歳をこえておられて、ぼくはレオナルド・ダ・ヴィンチについての原稿を依頼しに行ったのですが、自宅の書斎や応接間にあまりに本が多いので、「いつ、これだけの本を読まれるんですか」とうっかり尋ねたんですね。そうしたら、下村さんはちょっと間をおいて、「君はいつ食事をしているかね」と言われた。これでハッとした。いえ、しまったと思った。もう、その先を尋ねる必要はないと思いましたね。やっぱり読書はリスクとリスペクトですよ。2Rです。

――読書は「自分の鏡」だという説もありますね。自己反映としての読書についてどう見ますか。

もちろん読書は自分を映す鏡です。ただしその鏡にはいろいろの意味や作用があるんじゃないでしょうか。

ひとつは、ふつうの意味での自己反映ですね。読書は「無知から未知へ」と向かうのですから、読前・読中・読後にのべつ自己反映をもたらしているといえる。ただし、この鏡はどちらかというと分身的なものですね。けれどもここには、「非自己の反映」という視点も必要です。免疫学は、自己形成には一抹の「非自己」が関与することを証しています。ジェンナーの種痘はそれを応用したものですね。ちょっとだけ「非自己」を入れてみることによって、それが「自己」という免疫システムを形成する。だからときには「変な本」も読んだほうがいいわけです。

二つ目の鏡は、精神医学者のジャック・ラカンが言うような意味での鏡像的なものです。ラカンは、人間の意識というものは社会的で体験的なものの投影になっていて、ただしその順序がぐちゃぐちゃに意識の中に入っているために、その鏡像過程が取り出せないものだと見たわけです。うまく複合的には取り出せない。取り出そうとすると、一義的なあるラインだけが取り出され、それが心の圧迫になったり、ストレスになったり、過剰な自信になったりする。あげくに、読書世界にもその鏡像性が反映されて残映しているというふうになる。本には、そういった意味での自己鏡像的な性質があります。

三つ目は、アリスの「鏡の国」のように、私たちが日常では出会えない世界を映しだしている鏡に出会えるということでしょう。これはファンタジーとかSFだけがそうだというのではなく、読書体験そのものの根底にある鏡です。アナザーワールドを映し出す鏡です。わかりやすい鏡です。

だいたいこういった三つの鏡があると思いますが、けれども、「本は人生の鏡だ」という見方はあまりにも当たり前で、それほど刺激的じゃないですね。むしろ、ぼくの感覚でいうと、「水たまり」のようなものを想像したほうがいいんではないかと思います。

——水たまり？

水たまりとか小さな池ですね。小さな水たまりや池なんですが、そこを覗《のぞ》くと大きな青い空とか、近くの建物とかが映っている。小さな池でも、覗く角度で大空も入るわけです。もっと真上から覗くと、自分の顔が映る。これは『ノンちゃん雲に乗る』ですね。ぼくはこの一冊から読書人生が自覚的に始まったので、ついついそう思うのかもしれません。

人に本を薦めてもらう

——どのようにすれば自分の「好み」の本に出会えますか。何かコツがありますか。

もしなかなか出会えないと感じているのなら、誰かのおススメに従ってみることでしょうね。友だちや親友や先生で、自分よりも深くて大きそうな人の推薦です。「あの本は君に合うかもしれない、読むといいよ」と薦められた一冊を読むのは、やっぱりきっかけになる。その一冊のなかから、ずいぶんたくさんのものに出会える。ただし、できるだけ自分が尊敬しているか、気がかりな先輩に選んでもらうといい。

ぼくは高校を卒業したとき、中学校の国語の先生のところを訪れたんです。藤原猛先生という難聴者の先生で、補聴器をつけて授業していたから、大声でした。その先生から中学時代にぼくが書いていた日記を褒められた。これはぼくの大きなモチベーションになっていたので、いつかお礼に行きたいと思って、京都のお宅に伺った。そうしたら、「松岡君にはこの本を卒業記念にあげたい」と大声で言われて、ロレンスの『チャタレイ夫人の恋人』をくれたんです。それが伊藤整の初版本で、つまりは発禁本でした。

これにはすごく動揺した(笑)。まだセックスなんて何も知らないし、それにしては、なんとなく『チャタレイ夫人の恋人』がどういうものかは知っていましたから、これはヤバイと思ったわけです(笑)。

で、帰ってきて妖《あや》しい場面だけを拾って読むのですが、とても興奮するようなものではない。ああっと思うと、すぐに哲学的な話になってしまい、そんな読み方をするから前後のストーリーもさっぱりわからない(笑)。それでそのまま十年以上ほったらかしで、やっと四十代に入ってロレンスのコスモロジー（宇宙論）とともに読むんです。そこでやっと藤原先生の薦めた意味がわかった。森番はロレンスだったんですね。そして、ピューリタニズムに怒っていたんです。

やはり誰かに薦められた本は読むべきです。その意味が十年後でもわからずとも、三十年後にわかろうとも。

――ほかに、どんな本をどなたに薦められましたか。

そうですねえ、小学校の吉見先生には『ソクラテスの弁明』、さっきの藤原先生は中学時代には山村暮鳥の詩、もう一人の富永先生という国語の先生にはゲーテの『ファウスト』、高校の担任からは沢田允茂《のぶしげ》の『高校生のための論理実証主義入門』、大学時代はマルクス主義のものが多かったんですが、なかではトロツキーとルフェーブルとグラムシがおもしろかった。あとは予備校時代に知りあった橋本綱《つな》さんという、のちにフランス文学の先生になった人ですが、彼女からは初めてネルヴァルやアンドレ・ブルトンやジャック・プレヴェールを薦められた。

あとは稲垣足穂《たるほ》さんにはハイゼンベルクの『部分と全体』、杉浦康平さんにはJ・G・バラードの『時の声』や『結晶世界』、写真家の奈良原一高《いっこう》さんにはレイ・ブラッドベリの『火星年代記』、ナムジュン・パイクさんには白川静の『漢字』、湯川秀樹さんからは空海や三浦梅園《ばいえん》ですね。さきほどの下村寅太郎さんからはライプニッツです。

薦められた本を読むというのは、とても気持ちのいいものですよ。なんだか読みやすい。つまり知人や友人に薦められると「渇き」がはっきりしてきて、かつ、謙虚になれるんですね。リコメンデーション（おススメ）で本を読む意義はとても大きいですね。「人と本」の重なりに厚みが増すからでしょう。ですから、本はリスク、リスペクト、リコメンデーションの３Ｒかな。

――なるほど、読書の３Ｒですか。

そういうふうに本を読んでいると、そのうち、知人や友人や先輩との会話の中で、本を介在した会話ができること自体が、他の会話にくらべてうんと密度や質感をもたらしてくれるものだというふうになり、そういった会話を通して読書の事前エクササイズをしていたということなんでしょうね。

昨今はグルメの時代で、誰もが、日々の会話でもテレビでも、食べものの話ばかりをしますね。お店へ行っても、食べながらまた料理の話をする人も多くいる。「このタコは南フランスの味だ」とか、「ここの店のはちょっとビネガーが強いけど、タマネギが入るとまたちがうんだよ」という会話が、食事をそれなりに愉快にしたり、促進している。

それにくらべて本の話は日常会話になりにくいようですが、これはもったいない。「あの店、おいしいよ」というふうに、「あの本、いいスパイスが入っていた」という会話があっていい。和辻《わつじ》哲郎や阿部次郎や小林秀雄が若かった昭和初期なんて、学生も青年もそういう本の話ばかりしていたと思います。

――「本の話」って、どういうふうにすればいいんですか。専門的な話じゃないんですよね。

食べものと同じでいいんです。本のレシピや味付けや材料の新鮮さでかまわない。「この著者のこの本はこういう料理の仕方がいい」「この著者は焼き加減がうまい」「あれはソースでごまかしているなあ」というようなことでいい。あるいは、店のインテリアや「もてなし」がよかったということもある。店のインテリアというのは、たとえば本のブックデザインとか中見出しがうまかったというようなことです。

それを「知のかたまり」のように思ってしまうのは、いけません。これは書評や文芸批評が「本についての会話のありかた」を難しくしすぎているということもあるのかもしれませんが、本はリスクはあるものの、知的コンプレックスを押し付けるためのものじゃないんです。もっとおもしろいものであるはずです。

これはね、日本にリベラルアーツ（教養文化）の背景が薄くなってきているということも関係があるようにも思います。大学からも教養課程がなくなっているし、どうもリベラルアーツを軽視する傾向があるね。そのくせ漢字クイズや歴史クイズや、観光地の検定が流行する。これは「○×の知」にはいいかもしれないけれど、人間にとって一番たいせつな「語り」にはなりません。

本を買うこと

――ところでセイゴオさんは、本はどこで購入し、どのように選書するんですか。ネットのアマゾンなども利用していますか。

十年くらい前まではほとんど書店に行って選びました。それからこっちは注文が多い。一カ月に一度か二度、十五冊から三十冊くらいを特定書店に注文しています。ネットを使っているのはぼくのスタッフたちや「千夜千冊」の読者たちですね。あれにはすべて買い物カゴがついている。

選書については、基本的には「一期《いちご》一会《いちえ》」を楽しむということに徹していますが、二十年くらい前からは「本から本へ」というか、本を読んでいる最中に気になる本に出会うと、それをメモしておいて買いにいくか、注文するというスタイルにした。本のなかに参考図書とか注がありますね。それをメモっておくわけです。

それからぼくのところには、「これから刊行される本」といった新刊ニュースのようなものが何種類か送られてくるので、それもチェックの対象ですね。もうひとつは新聞の書籍広告ですが、そこから選ぶという本は一割もないんじゃないでしょうか。

それとはべつに「ぶらり選び」というか「散策選び」があって、街に出たついでに三回に一回はたいてい書店を覗きます。これは本を買うためとはかぎらない。ジムに行ってカラダを動かすようなもので、これをやっていないとカラダもアタマもなまってしまうからです。まあ、お稽古《けいこ》のようなもの、ジョギングのようなものです。自分の目の動きやカラダの切れや目次読書のスピードを点検します。

それがかつては図書館や古本屋でもあったわけですが、最近は街の大型書店です。それからもうひとつは、地方に行くと必ず本屋さんに入っている。これは欠かしたことがありません。かつては、旅に出たり出張したりすると、必ずやることが二つあって、お風呂屋さんに行くこと、本屋さんに行くことだった。いまは本屋だけですね。
だから、旅先から何冊もの本を入れた重いペーパーバックを持って帰るということがしばしばです。その半分以上を、だいたい新幹線や列車のなかで目を通すんですが、それがたいへんな楽しみですね。

――噂《うわさ》では、何冊も同時に本を読んでいると伝わってきます。

複合読書法ですね。いつもそうしているわけではありませんが、その話をしますと、それには、三つの読書法がありまして、ひとつは、前にも言ったように、そのほうが速く読めるからです。類書や似たような本はなるべく一緒に読むか、近い時期に読むかによって、想像以上に速く読めますし、アタマにも入りやすい。
もうひとつは、「本から本へ」というふうに読むときです。ジュリア・クリステヴァが「インターテクスチュアリティ」と言っていますね。「間《かん》テキスト性」という意味です。クリステヴァはロラン・バルトの弟子ですが、どういうことがインターテキストかというと、次のようなことです。

本来、書物や知は人類が書物をつくったときから、ずっとつながっている。書物やテキストは別々に書かれているけれど、それらはさまざまな連結と間断と関係性をもって、つながっている。つまりテキストは完全には自立していないんじゃないか、それらの光景をうんと上から見れば、網目のようにいろんなテキストが互いに入り交じって網目や模様をつくっているんじゃないかというんです。

ぼくも、なんとなくずうっとそう思っていました。どんなテキストも自立的に思想的にかまえたものではあっても、何かと関連しあっているし、ちょっと緩めにソフトアイで本やテキストを見れば、その本やテキストは、その大きなインターテクスチュアルな網目の一部として、いままさにここに突起してきたんだというふうに感じられるんです。「この本はいろいろ動き回って、いま、そこにちょうど腰をかけている」というようなものなのではないかと思える。

ですから、世界中の本は総じて「書物の海」や「テキストの森」を脈々と形成しているわけですが、ということは、そのあいだのどんなものも本にもテキストにもなりうるということとです。逆に、どんな出来事にもいくつものテキストがありうる。クリステヴァはそれを「インターテクスチュアリティ」と言ったわけです。

で、ぼく自身のことを捉《とら》え返してみると、ぼくは何かのおもしろい本に出会うと、その本の中から別の本につながっていくことに夢中になってきたわけです。まあ、タコ足配線みたいなものですが、いいかえればインターテキストに入っていくことが好きだったわけです。それこそが「本から本へ」で、結局、そのつながりの本を次々に机に積んで読んでいくので、何冊か同時に読むというふうにもなるわけです。

――噂だけではなかったんですね。セイゴオさんにとっては読書はジグザグ運動で、ネットワーク読書活動なんですね。

そうですね。複線的で複合的な読み方です。

ところでそのばあい、何かたくさんの本とネットワークしていく可能性をもった、いわば「光を放っている一冊」というものが必ずあるんですね。それをぼくは「キー本」とか「キーブック」と呼んでいるんですが、このキーブックをもとに読み進むのが、三つ目の複合読書法です。こういう複合的な読み方をしていると、そういうキーブックに出会うチャンスも

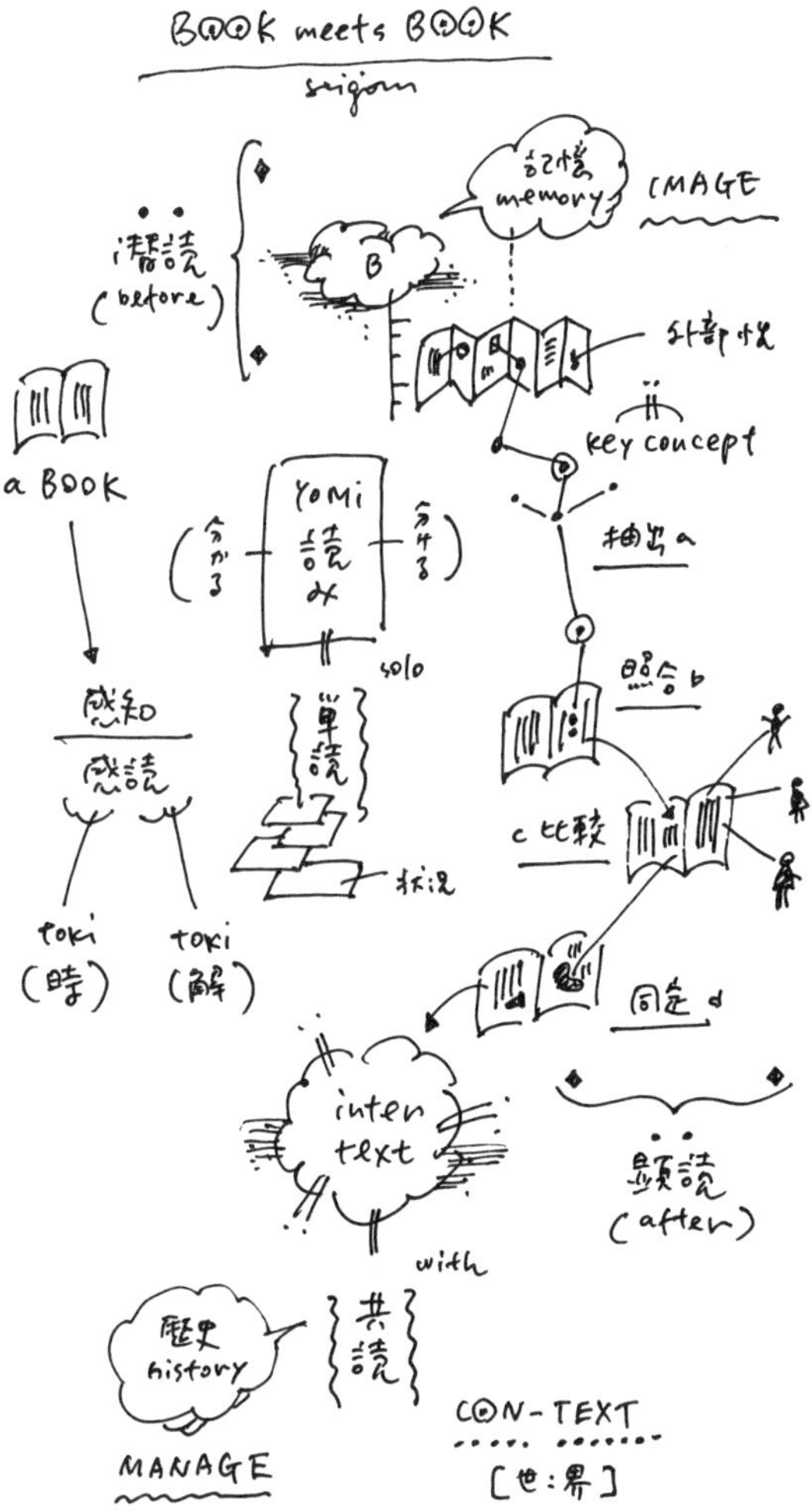

セイゴウ流「本から本につながる道すじ」

ふえてくるんですね。

――キーブックって、どういうふうに決まるんですか。

あとから気がつくんです。何かを調べる人や追求している人は、みんなそういうキーブックを何冊も何十冊ももっていると思いますけれど、そのキーブックをもとに最大公約数や最小公倍数という「束《たば》」ができあがっていくんです。その「束」は決して堅いものじゃない。柔らかい構造になっている。

かつて建築家のクリストファー・アレグザンダーは、それを「セミラティス」と言いましたね。自然界や人為界にひそんでいるパターン・ランゲージを研究しているときに発見した一種の数学モデルなんですが、わかりやすくいえば「柔らかい束」あるいは「柔らかい重層構造」ということで、いきいきした構造というものは、ピラミッド型の積層構造ではなく、途中で何本もの結節点が相互につながりあっている構造になっているだろうというんです。そうなっているからこそ、任意の結節点からどの方向にも進みうる。

ぼくは読書ツリーもそういうものだと思う。いくつものキーブックが結節点になって、柔らかい系統樹を示しているはずです。ただ、それは「束《ラティス》」ができてから、あとで気がつくことが多い。そのうち勘ができて、これはキーブックだなと思えるようになります。

キーブックとは何か

——せっかくなのでキーブックの例を教えてください。

ええっ、それはキリがないなあ。では、一例をあげますが、これはあくまでぼくの読書体験から出たものですよ。それでいえば、たとえば宮本常一の『忘れられた日本人』とか、ヘルマン・ヘッセの『デミアン』とか、ミシェル・フーコーの『知の考古学』とかはどうですか。

宮本常一の『忘れられた日本人』は、著者が日本列島をくまなく歩いておじいさんやおばあさんの語りを聞き書きしている本ですが、ここからは網野善彦さんの歴史観をふくむ多くの本、柳田國男《くにお》や折口信夫《おりくちしのぶ》につながるフォークロアの本、そのほか多くの日本社会を見つめる目についての本がネットワークされます。ついでに、できれば同じ宮本常一の『塩の道』などを読めば、もっと重層的ネットワークが広がるでしょうね。

ぼくは、『忘れられた日本人』とともに、折口の『古代研究』と網野さんの『日本の歴史をよみなおす』の三冊のキーブックがあれば、日本社会や日本文化に関する歴史的世界観の多くのものが列挙できると思っています。実際にもこの三冊から、おそらく八〇〇冊くらいの重層的な読書系譜をドローイングしたことがありました。

ヘッセの『デミアン』はいうまでもなく、精神や意識や心のダークサイドというものを扱った青春文学の傑作ですね。シンクレールという少年が鳶色《とびいろ》の髪をなびかせたデミアンに惹《ひ》かれるという話ですが、そのデミアンには「聖なる背徳」がある。それが魅力なんですね。けれどもデミアンは、シンクレールが自分に惹かれて「悪」に落ちることから守ってあげようとする。それでデミアンはベアトリーチェという少女に恋をして、かつまたピストーリアスという異教者に向かうんですね。

が、それでは友だちと「共有」するものがなくなっていく。そこでシンクレールはやっと気がつく。自分はデミアンに惹かれたいと思っていたのは、実はデミアンのお母さんだったということに気がつくという話です。

これは、ほとんどの青春文学にも少女マンガにもつながる作品です。たとえば樋口一葉にもギュンター・グラスの『ブリキの太鼓』にも、室生犀星《むろうさいせい》にも江國香織の小説にもつながっ

『千夜千冊』求龍堂

ている。いわば「魔笛が聞こえる系譜」といえばいいですかね。

フーコーの『知の考古学』は『言葉と物』とともに、ものすごく広い傘をもつキーブックでしょうね。現代思想の本、ポストモダンの本はほとんどフーコーとつながっている。ま、説明するまでもないと思います。

——そういうセイゴオ流キーブックは、何かで一覧できるものですか。

そのひとつの例が、ウェブ「千夜千冊」を全集『千夜千冊』として全七巻に再構成したときの巻立てと章立てに出ています。

これは、第1巻「遠くからとどく声」、第2巻「猫と量子が見ている」、第3巻「脳と心の編集学校」、第4巻「神の戦争・仏法の鬼」、第5巻「日本イデオロギーの森」、第6巻「茶碗とピアノと山水屏風」、第7巻「男と女の資本主義」というふうになっているもので、ぼくの読書世界の大きな柱が見えると思います。そのなかに、また十章くらいずつのグループがあって、そのグループごとに、三、四冊ずつのキーブックが入っています。

——たとえば、その一部はどんな本ですか。

えっ、それも披露するんですか。リストを見ていただくのが便利なんですが、そうですね、それを省いていうと、第1巻でいえば、その5章に「遠方からの返事」というチャプターがあって、ここでは李白、上田秋成、『フランケンシュタイン』、『嵐が丘』、アーサー・クラークの『地球幼年期の終わり』、バラードの『時の声』などがキーブックですね。

第2巻なら、8章「虫の耳・象の胸」でいうと、フォン・ユクスキュルの『生物から見た世界』、グールドの『パンダの親指』あたり、第3巻では、10章「イメージの劇場」の、バルトルシャイティス『幻想の中世』、ウィトカウアー『アレゴリーとシンボル』、フランシス・イエイツ『世界劇場』、そしてベンヤミンの『パッサージュ』と杉浦康平の『かたち誕生』でしょうね。ここからは何百冊もの本が連鎖的に重層的につながって出てきますよ。

第7巻は「男と女の資本主義」というものですが、そこには女性を主人公にした本と女性が書いた本がかなり入っています。たとえば、『枕草子』『建礼門院右京太夫集《けんれいもんいんうきょうのだいぶ》』『とはずがたり』『居酒屋』『女の一生』『アンナ・カレーニナ』『レベッカ』『細川ガラシャ夫人』『婉《えん》という女』『鬼龍院花子の生涯』というふうに。またフェミニズムのリーアン・アイスラーの『聖杯と剣』、イリガライや上野千鶴子の本、ダナ・ハラウェイの『猿と女とサイボーグ』というふうに。

これらのキーブックは、ぼくのばあいは『アンナ・カレーニナ』です。アンナが当時の社会によってつくられた自分を否定するという話ですね。ここには、以上のすべての本の母型がある。さすがトルストイです。

――やはり自分が読んできたものを編集再構成していると、キーブックが決まるんですか。

それは、人それぞれでいいと思いますが、テーマによるとはかぎりません。

ぼくのばあいは「編集的世界観」や「編集的世界像」をかたちづくるという視点と、人間の気分や気持ちのフラジャイルでセンシティブな源流にもとづく視点というふうに、二つのアクシスがあって、それが交差しています。そこに浮上してくる。

編集的な世界を構成したいというアクシスは、長らく持続してきたもので、それがときおりぼくの編集プロジェクトになっています。たとえば『全宇宙誌』とか、講談社に頼まれて編集構成した『アート・ジャパネスク』(日本美術文化全集)全十八巻とか、前にお話したNTT出版から出した『情報の歴史』とか、いま研究開発を進めている「図書街」プロジェクトとか、ですね。

この「図書街」というのはコンピュータ・システムの中に「書物の都市」を構築して、ゆくゆくは二〇〇万冊を装塡《そうてん》しようというものです。

これらのプロジェクトでは、必ずキーブックがけっこうな数で登場してきます。『全宇宙誌』では二〇〇冊くらい、『情報の歴史』では数えていないけれど、おそらく一〇〇〇冊をこえているでしょうね。

ただ、ぼくもまだまだ新たなキーブックとの出会いを求めているからこそ、読書意欲も湧《わ》くわけです。それはたとえば、数年前に『餃子《ぎょうざ》ロード』という本を、あるときになんとなく手にとったときも感じましたね。甲斐大策《かいだいさく》という作者で、画家でした。九州の石風社という出版社の本です。

餃子の本だけれども、そうとも言いきれない。餃子は北緯三〇度と四〇度のあいだのユーラシアに必ず登場している食べものらしく、そのことも書いているし、やたらに旨《うま》い餃子を自分で作って正月に一人でそれを食べてもいる。けれどもそれだけではなく、著者がイスラムにのめりこんで、アフガン人と義兄弟になり、なんだか〝風のライオン〟のようにもなっていることが、よく伝わってくる。それで『神・泥・人』という同じ著者の本をとりよせて読んだら、またびっくりした。凄《すご》い本だと思いました。

その後、甲斐大策の本は五、六冊読んだ。画集も見た。そしてぼくのキーブックとなったのです。つまりぼくのイスラム世界観は、この一冊からネットワークされていいと思ったわけですね。「中東問題」「パレスチナ」「イスラム過激派」「イラン」「カンダハル」「ムジャヒディン」「ビン・ラディン」など、これらの枝はすべて『餃子ロード』の網目《あみめ》から出てきていいと思ったんですね。

こういうふうに、いまでも新たなキーブック捜しが続いている。それは一生、終わらないでしょうね。宿業でしょうかね。

読書しつづけるコツ

——さて、ずうっとお尋ねしたかった素直な質問ですが、どうしてそんなに読書しつづけられるんですか。

ぼくは人生の多くを読書とともに歩んできましたが、それは生活面でも思考面でも、経済面でもそうしてきたということです。計算したことなんてありませんが、ぼくの人生コストは本代になっているパーセンテージが圧倒的に高いと思います。ほかのものがあまり高くないということもありますけどね。

しかしそれには、読書感覚をずうっと維持する必要がある。またそれと関連してもうひとつ、自分で決めてきたことは、だからといって読書三昧《ざんまい》の日々にはしないで、断乎《だんこ》として仕事は続けるということです。それも仲間とともに進める。一人ではなくてね。そして、仕事でいかに時間がとられようと、それでも読書をはずさないと決めた。そうやって、どんなときも、愉快なときも悲しいときも、調子のいいときも調子が悪いときも本を読むというふうにしてきたわけです。

それにはどうするかというと、調子や好みや仕事にあわせた「読書するしくみ」をリズムにしていくわけです。

――読書リズムですか。

さまざまな本の読書をまぜこぜにしながら、遊びや息抜きも読書でしていくということですかね。

たとえば、量子力学の新しい局面を読むとか本居宣長の国学の周辺を読むというのは、けっこう集中力が必要です。中身も難しい。しかもぼくは学者や思想家になりたいわけではないから、そればかりやるわけではない。ですから量子力学や国学を読みつづけるのは、やっぱりしんどい。そのため、ついついその読書力が落ちてくる。落ちてくるのですが、その回復を別の本でやるわけです。たとえば句集や歌集を読む。そうするとバッテリーに何かがチャージされてくるんですね。

かつては、もっとてっとりばやく、調子が落ちてくるとハードボイルドやミステリーやエスピオナージュを読みました。レイモンド・チャンドラーとかロバート・ラドラムを読む。それでふたたび量子力学や国学に向かうんですが、またまた調子が出ないということも、しょっちゅうおこる。そうすると、読書以外の気分転換をするんではなくて、また別の読書モードに入っていくんですね。今度はそれが、古典とか民俗学とか、ときにはマンガになったりする。

でも、そういうことを続けていると、何を読めば調子が戻るか、だいたい見当がつくんです。最近は日本の古典を読むとバッテリーが回復することが多くなりました。それでもダメなときは、自分の本を読む。自著です。それもマーキングをしながら読みます。これは最悪のスランプのときの特効薬です。

というようなわけで、これを外から見ると、いろいろな本を同時に複合的に読んでいるというふうになるだけです。

——それこそ多読術じゃないでしょうか。

たんなる「悪食《あくじき》のサル」だったりして（笑）。ただ、そこにもちょっとした哲学があります。哲学というのがおおげさならば、ぼくの確信のようなものです。

第一には、読書は、現状の混乱している思考や表現の流れを整えてくれるものだと確信していることとです。「癒《いや》し」というのではなくて、ぼくはアラインメント、すなわち「整流」

というふうに言ってます。これはどんな本でもいいというわけではないけれど、ある程度のキーブックやぼくの「好み」が向く本なら、必ずそうなると思っています。なぜなら、読書は著者の書いていることを解釈することだけが読書ではなく、すでに説明してきたように相互編集なのですから、そこでアラインメントがおこるんですね。

第二に、そもそも思考や表現の本質は「アナロジー」であり、「連想」であると思っているということです。科学も小説も、人文も芸術も、思考や表現の本質の大半はアナロジーであり、類推であり、連想であると確信しているんです。つまり、どんなことも堅く考えていないんですね。

これについては説明するとキリがないのですが、すべての思索も論理も表現も行動も、ぼくは「アルス・コンビナトリア」だろうと見ています。コンビネーション、組み合わせの技法ですね。そのアルス・コンビナトリアで発揮されるのは、すべてアナロジーです。類推の能力です。アナロジーこそがぼくをイノベーティブにしてくれる。

第三に、ぼくの元気が出てくる源泉や領域は、みなさんには意外かもしれないけれど、必ずや「曖昧《あいまい》な部分」や「きわどい領域」や「余分なところ」だと確信しているということですね。規定された領域や明瞭《めいりょう》な領分とつきあうのは、ふだんはそれでもいいけれど、自分がピンチになったり調子が落ちていたり、迷ったりしているときは、むしろその根底になっていそうな「曖昧な部分」や「きわどい領域」や「余分なところ」に着目したほうが、元気が出るということですね。

ここには、ぼくの「負の想像力」という見方や「フラジャイルな観察力」という見方が深く関与しているのですが、ちょっと読書論や多読術とは離れすぎるかもしれないので、省きます。

――いえ、少しだけ説明をお願いします。

ぼくは世の中も、自然界も、また脳や思考も、それらはすべからく「複雑系」だと見ているんです。2+3=5というふうにはならない。部分を足し算しても全体の特色にはならないし、全体がどのように見えるかということから、部分を規定することもできない。数学的にいえば非線形ということ、ノンリニアだということです。

その複雑系では、どこかで水が氷になったり、もやもやした雲がウロコ雲、イワシ雲になったりするような「相転移《そうてんい》」がおこるフェーズがあります。そこは複雑系の科学やカオス理論では「カオスの縁《ふち》」などとも呼ばれているんですが、そこでいったい何がおこっているかというと、新しいオーダー（秩序）が生まれています。

それはいいかえれば、新たな「意味の発生」ということです。意味というのは、日本語をでたらめに並べてもアルファベットをランダムに並べても生まれません。しかし、何かの「芽」や「根」があると、そこに意味が生まれる。これを科学では「創発」とか「エマージェント」というのですが、これってしかし、ふつうのシステムの分析からすると、「曖昧な部分」や「きわどい領域」や「余分なところ」にこそ何かのオーダーが生じているということなんです。

このことを、ちょっと感覚的なことにあてはめて言いますと、「せつない」とか「残念」とか「失望感」とか「気持ちばかりがいっぱい」というものに当たります。つまり、ふつうは「負」の部分とか「際《きわ》」の状態だと思われているところに、意味が創発してくるのです。ぼくは、そこがセンシティブであるからこそ、それをバネにしていいと判断している。

それが「負の想像力」や「フラジャイルな観察力」というもので、ぼくの読み書き世界の最もきわどいところで、たえず革新的な力を発揮しているところですね。

本に攫《さら》われたい

――だいぶん伺ってきたのですが、セイゴオさんの多読性は書物に対する敬意や感謝から出てもいることが見えてきました。

もちろん感謝しています。とともに、書物とのフィットネスを楽しんでいるんです。ジャズのライブで、最初にイントロがチッチッチと入って、そこからバーッと音が出てきて、「おお、それそれ！」なんてことがありますよね。これは、捜していたセーターに出会えたとか、ジーンズのサイズがあったときのようなフィットする感覚です。

本にも「それそれ、それが読みたかった」ということがある。けれども、それがどの本におこるかは、わからない。わからないけれども、求めていたものに出会えると、それはまさに一期一会ですから、その出会いに感謝します。

やがてそのフィットした本が起点になって、そこに経路ができる。いわば運河ができていく。それをぼくは「カナリゼーション」（運河化）というふうに呼んでいる。それでそこを進んで行くと、ダムがあったり、堰止《せきと》められていたりして、そこからまた発見がおこってきます。このカナリゼーションは、本を読んでいるととても頻繁に感じるルート感覚です。自分が知らない運河の水路を、本とともに航行しているんだという感じですね。そうするともう止まらない、けして止めたいとは思わなくなる。

これは、いわば「本に攫《さら》われたい」ということなんです。「異人さんに連れ去られたい」ということなんですよ。そういうことがないと、読書は平坦なものになりすぎる。このことはいくら強調しても強調しすぎることはありません。私たちは本に攫われていいんですよ。それでしばらく行方不明になってもいいんです。捜索依頼が出たら、本望です（笑）。

――一冊の出会いがおこることは、誰にもありうると思いますが、そこから連鎖がおこるにはどうすればいいんですか。次に読む本をどうやって見つけたらいいのでしょうか。

本を見つけるには、図書館や本屋で並びを見るわけですね。それからさっきも言ったように、頼みとする人の推薦をうけることですね。次に、一冊の本には参考文献があるので、それをチェックする。

むろんいろいろなブックガイドを見るのもいいと思います。「千夜千冊」でも、朝日新聞学芸部がまとめた『読みなおす一冊』とか門谷《かどたに》建蔵さんの『岩波文庫の赤帯を読む』とか、柿沼瑛子《えいこ》さんと栗原知代さんの『耽美《たんび》小説・ゲイ文学ブックガイド』とか、宮崎哲弥の『新書365冊』などをあげておいた。いずれも指針になります。ほかにもいろいろあって、自由国民社の「名著シリーズ」とか岩波の海外文学案内シリーズとか、幻想文学なら『幻想文学1500ブックガイド』なども便利でしょう。

まだ「千夜千冊」にはとりあげていませんが、たとえば富岡幸一郎の『打ちのめされるようなすごい小説』などは、実に妥当な現代日本小説のリストをつくっています。江戸川乱歩の『パノラマ島奇談』、夢野久作の『ドグラ・マグラ』、中里介山の『大菩薩峠』から、埴谷《はにや》雄高《ゆたか》『死霊』、辻邦夫『フーシェ革命暦』、中上健次『千年の愉楽』、澁澤《しぶさわ》龍彥『高丘親王航海記』、色川武大《たけひろ》『狂人日記』、車谷長吉『赤目四十八滝心中未遂』まで、五十作品ほどをあげているんですが、ぼくの見立《い》てとほぼ合致しましたね。

ただ、どんな本を連鎖させて読むかということは、自分の感覚を大事にしたほうがいい。そこに個性も出てきます。それでもあえて指針があるとすれば、三つのことですね。

ひとつ、「類は友を呼ぶ」。これは類書をたぐるということです。わかりやすい方針です。

ひとつ、「縁は異なもの」で、偶然の縁で次々に変な方向に連鎖してみることです。これは案外軽視されているか、そんなことをしてはまずいのかなと思われているこかもしれませんが、そんなことはなくて、どんどん変なつながりに進んでいくのが、自信になることのほうが多いものです。そして、もうひとつ、「松岡正剛に従ってみる」(笑)でしょうか。

――「駄本」を避けて「いい本」にめぐり会おうと思うのは邪道ですか。

本との出会いはもともとゲームのようなものですから、どのような連鎖でもいいですが、書物を「良書」と「悪書」で分けるのだけはやめたほうがいいですね。

原著は大部のものですが、「千夜千冊」にもとりあげた『百禁書』という海外で編集された本がありまして、そこには歴史的に発禁された欧米の大半の本がリストアップされていいます。綿密な解説も付してあるのですが、それを見ると、いかに「悪書」こそがのちの名作になったかがわかります。意外なものですよ。

たとえば、マキアヴェリ『君主論』、『アラビアン・ナイト』、『デカメロン』、スタンダール『赤と黒』、フロベール『ボヴァリー夫人』、マルクスとエンゲルスの『共産党宣言』、ディケンズ『オリバー・ツイスト』、ストウ夫人『アンクル・トムの小屋』、スタインベック『怒りの葡萄《ぶどう》』、フォークナー『サンクチュアリ』、ヘンリー・ミラー『北回帰線』、パステルナーク『ドクトル・ジバゴ』、ジョージ・オーウェル『動物農場』、ウィリアム・バロウズ

『裸のランチ』、ナボコフ『ロリータ』など、これらはことごとく発禁扱いをうけている。驚くべきことですね。アメリカ出版史上、最も削除訂正が勝手におこなわれたのは、なんと『フランクリン自伝』なんです。

まあ、ことほどさように悪書は良書だったわけで、ひょっとすると良書は悪書なのかもしれません。モンテーニュは「人は禁じられたものから順に覗きたがる」と書いていますね。ちなみにモンテーニュの『エセー』（随想録）は、ぼくのキーブックのなかでも十指に入るキーブックです。

――やはり自分でフィットネスを決めるしかない。

もうひとつ言っておくべきは、前にも言いましたが、「いい本」にめぐり会う打率は最高でも三割五分くらいがいいところだということです。ふつうは二割五分くらい。その打率を上げるために「駄本」を捨てるようにするべきかと言うと、むしろ三振したり、見送ったものがあるという思いが重要になる。どんどん空振りして、相手を褒めるつもりになったほうがいいんです。

それから、洋の東西を問わず、古典のほうが断然きわどいものが多いということも、指摘しておいたほうがいいでしょうね。江戸時代なんて発禁ものばかりでした。だから版元はしょっちゅう手鎖りをうけていた。まさに古典はリベラルアーツだということですよ。

さらにもう一点、付け加えると、書物にはほんとうはフォーマルもカジュアルもないということです。たしかに立派な函入《はこい》りの本はフォーマルに見えますし、それこそ教科書はフォーマルっぽいですが、教科書になったから立派かといえば、そんなことはない。

ともかく書物というのは、最初に言ったように、読み手がいつ、どのように読んだかという条件とともに生きているんです。客観的な良書なんてものはないし、客観的な読書体系なんてものもないんです。ぼくは東大で認定されたらしい教養書のリストを見て、十分の一くらいしか重なりませんでしたね。


――東大の推薦図書はダメですか。


ぼくにはあまりピンときませんでしたね。あのね、狩野亨吉《かのうこうきち》という熊本五高で漱石と一緒に教鞭《きょうべん》をとっていた人物がいるんです。

この人は安藤昌益《しょうえき》の『自然真営道《じねんしんえいどう》』の発見者であって、一高の校長とも、京都帝国大学の文化科の学長ともなった傑物ですが、ものすごい読書量の持ち主で、幸田露伴が「あの人ほどに本を読んでいると、宗教なんかバカバカしくなるだろう」と言ったほどだった。京都に西田幾多郎《きたろう》や内藤湖南を招聘《しょうへい》したのも、この人です。漱石が死んだときの友人代表の弔辞も読んだ。

そこで、この狩野亨吉があまりにすばらしいというので、時の皇太子の教育掛に推挙されたんです。ところが本人は、これを断った。「ぼくは危険人物だ」というんですね。そして、大学をさっさとやめると、好色本のコレクションと書画骨董《こっとう》の鑑定をやりはじめた。

それでいて、時の知識人たち、たとえば長谷川如是閑《にょぜかん》が「これからの日本における自由とはどういうものだと思うか」と尋ねると、「自由なんてものはキリスト教がつくったフィクションだ。日本人は日本のネッセサリーをもっともっと複雑にしていけばいいんだ」と言ってのけたりもする。大賛成ですよ。社会派弁護士として有名だった正木ひろしが、「狩野先生こそ本当の国宝的人物です」とのちに述懐していますが、こういう人の推薦図書こそ、東大はめざすべきなんです。

第七章　読書の未来

鳥の目と足の目

——多くの視点による読書論や多読術を提供していただきました。とくに「読書能力と編集能力」が重なっていく話がユニークでした。そこでこのあとは、これまでの話をあらためて確認していきたい。「方法としての読書」の総仕上げです。そして最後に、残された話を伺います。

編集してくれるんですね。それはありがたい（笑）。

——いえ、並べるだけです。まず、その編集についてですが、「読書とは編集だ」というばあい、読み手が用意するといいようなツールはありますか。

基本的にはマーキング用の筆記用具と、それを投影することができるノートやパソコンがあれば十分です。これは「本はノートである」という考え方にもとづきます。

もっと突っこみたいというなら、いくつかヒントがありえます。わかりやすい順でいうと、まずは辞書や辞典や事典を身近にもっておくことです。いろいろな種類のものがあって迷うでしょうが、できれば「使う辞書」「読む辞書」「調べる辞書」を分けるといい。

たとえば字書ならば、ぼくは白川静さんのものを愛用していて、読むときは『字統』を、日本語を考えるときは『字訓』を、漢字を調べるときは『字通』を使う。白川字書が登場する前は、それこそいろいろそろえて使い分けていましたが、頼みにしていたのは小学館の「日本国語大辞典」全十巻でした。ともかく、いろいろの辞書・辞典・事典を用意しておくに越したことはありません。

そうしたなかで落とせないのはシソーラス辞典（類語辞典）です。英語ならば「ロジェ」を薦めますが、日本では決定版がないので、できるだけ容量の大きい類語辞典を入手するといいですね。シソーラスというのは、編集読書を「アルス・コンビナトリア」が促進しているとすると、それをカバーするための肝要ツールです。

次に年表と地図ですね。ぼくが「クロニクル・ノート」を作って、それがやがて『情報の歴史』に発展していったことはすでにお話ししましたが、やはり年表は充実したものを用意したほうがいい。これも世界史・日本史・領域史などの各種のものがありますが、許せるかぎり多いほうがいい。たとえば美術史や医学史や技術史など、年表がないと確認できないことがいっぱいある。ただし、見たり引いたりするだけでは、いけません。もったいない。ぜひともしてほしいのは、これらにもマーキングしたり、必要な年号のところに書きこみをすることです。やがて独自の年表になるはずです。

地図は、基本的な世界地図・日本地図と、そのなかのエリアや細部にゾーニングしてくれているヴァージョンということになりますが、これはだいたいの人が知っている。だからそれ以上に重要なヒントになることを言っておくと、意外に活用されていないのは「図解地図」なのです。

これはさまざまな本のなかにランダムに登場してくるので、ついつい読んでいる最中はとばしがちになる。しかしポンチ絵はともかくとして、ちょっと詳しめの図解というのは、かなりの編集デザイン力が注がれています。知識もすこぶる集約されている。これを「読む」のは読書の醍醐《だいご》味《み》のひとつといっていいほどです。

けれども、ついついほったらかしで、すばらしい図解がそのまま本の中に眠っているということが多い。そこで一念発起、自分でこれまでのめぼしい本を総点検して、片っ端からコピーをしてファイル・ノートにする必要があります。いまならコピペ（コピー&ペースト）

でもいいでしょう。そういうファイルをPC（パソコン）のなかに作っておくことです。

ついでにいえば、そういう「問題別の図解集」を独自に作成することをぜひともおススメしたい。これはさまざまな領域にまたがる図解のたぐいを、自分なりの分類でコピーファイルしておくというもので、とても便利でしょう。


——なるほど、そういうものが多読をサポートしていたわけですね。


そもそも出来事や社会や世界を見るための視点は、二つあるんです。ひとつはオムニシエントな視線で、俯瞰《ふかん》的にその世界を眺められる「鳥の目」で、もうひとつはオムニプレゼントな目によってその世界の中に入っていって見る「足の目」です。

たいていの物語も、このオムニシエントな鳥瞰的な「鳥の目」による描写と、主人公などがその地点に限定的にいるときの「足の目」による描写で成り立っている。読書するときも、これをかわるがわる使う必要があります。

その「鳥の目」と「足の目」について、ぼくが以前から尊敬しているのは、井上ひさしさんの方法ですね。井上さんは戯曲を一本書くたびに一〇〇冊から三〇〇冊くらいの本を読む人ですが、そのときたいてい「年表」と「地図」を丹念に自作する。戯曲全集に一部入っているので、見られるといい。驚きますよ。それがだんだん「登場人物型の地図年表」に総合化されていきます。そういえば本居宣長も少年のころから、そういう地図年表づくりに夢中の国学者でしたね。

――そうか、みなさんそういうふうにしているんですね。

大なり小なり、駆使しているでしょう。それで言うんではないですが、こうした世間に出回っている辞書や年表のたぐいを、編集工学では総じて三つに分けて、それをカスタマイズすることを促進しています。それは「単語の目録」と「イメージの辞書」と「ルールの群」というものです。

詳しいことはイシス編集学校でこっそり教えることになっているので、残念ながらここでは省きますが（笑）、この「単語の目録」と「イメージの辞書」を自分なりにハンドリングすることが、辞書・年表・図解を活用して読書を深めるためにも、大いに動きまわってくれる。かんたんにいえば、「言葉の多様性とイメージの多様性の相互関係」をつなぐためのソフトウェアです。

三つめの「ルールの群」というのは、これらを編集思考に適用するにあたってどんな手続きがいいのかを示す「ルールの知」のためのものです。

一言だけ説明をしておくと、コンピュータというものは基本的に「宣言的な知識」と「手続き的な知識」を組み合わせて構築されたものですが、それは私たちの思考のなかで最も取り出しやすいものに狙《ねら》いを絞ったからでした。逆に、生身の私たちはマシーナリーな「宣言知」と「手続き知」の組み合わせのほうはヘタクソです。他方、人間っぽい「知」には、むしろ「意識のためらい」や「思い出に耽《ふけ》ること」や「急に思い立つ」といったほうがふさわしい。でも、これはこれで夢見るユメ子さんになりかねない。

そのため、何かを表現したり創造していくには、コンピュータ的でもユメ子さん的でもない、その中間にあるような「融合の知」や「創発の知」をうまく組み上げていく必要があるのですが、今度はそれにかまけていると、あまりに勝手気儘《きまま》になって「ルールの知」を忘れてしまいかねません。あるいは自分がやっている方法を取り出せなくなっていく。そういうことは少なくないんです。

編集工学が「ルールの群」を、「単語の目録」と「イメージの辞書」に対応させているのは、そのへんの「編集の知」のための案配をつくっていくためです。ぼくはそのへんを「方法としての読書」として浮上させたかったわけですね。

情報検索の長所と短所

――なんだか聞いているだけで深まっていく感じがします。ほかにはどんなサポート・ツールがありますか。

まだまだいろいろありますね。たとえば「歳時記」とか「理科年表」はぼくの長年の捕虫網でしたし、各種の「図鑑」はいつでも、いまでも、少年に戻れる魔法の館です。もしも鉱物図鑑がなかったら、ぼくは化石少年にならなかったし、自称シュールミネラリストにもなれなかっただろうし、ましてケアンズ・スミスの生命鉱物吸着仮説（テイクオーバー仮説）に興味をもって、そのまま三十億年の地球生命史に分け入るなんて関心をもてなかったかもしれません。

そのほか、「人名辞典」も欠かせない。やはり詳しいものがいいけれど、すぐに使えるのは三省堂の『コンサイス外国人名事典』と『コンサイス日本人名事典』です。プラトンの話のところでも言ったけれど、文中の人名がアタマに入らないのは困りもの、ぼくは推理小説や文学作品のなかでも、おぼえられない人名を適当に読みすごすクセを中高時代につけたらしく、長らく難渋してきたんです。やっと推理小説の犯人がわかったぞと思ったら、名前を読みちがえていたということすらあった（笑）。まして一般書や学術書の人名は鬼門です。人名辞典は欠かせない。

もうひとつは「用語集」ですね。だいたい読書を妨げている主要な障害に、「用語が難しい、用語がわからない」というイライラがあるとは、よく聞くことです。これはいかんともしがたいもので、読み手はそのハンディキャップを当初から背負っているといってもいいほどです。しかし、同じことは著者にもはねかえっていて、それで著者たちは編集者から「やさしく書いていただきたい」という不当な要請をうける（笑）。が、これは読み手のほうが用語集などかたわらにおいて、戦闘態勢で臨むべきでもあるのです。

いろいろ種類も一長一短もありますが、中村雄二郎さんの『術語集』（岩波新書）など、ポストモダン思想や現代思想の用語手引きには重宝です。

というぐあいに、いくらもツールにすべきものはありますが、すでにいくつか案内したように、書物そのものが付属させている機能をツールとして取り出せるかどうかということは、もっと大事です。たとえば目次、たとえば「あとがき」、たとえば索引、たとえばヘッドライン（見出し）です。

ぼくはこれらをツールとして取り出して、さまざまな組み替えに使っていくことこそ、今後の読書術であり多読術であり、新たな編集読書だと思っています。ただし、これはよほど踏みこんでみないと、すぐには手につかないばあいもありますね。

そこで浮上してくるのが、やっぱりITですね。コンピュータ・ネットワーク上のテクノロジーとコンテンツをいかに読書行為や読書編集と適合させていくかということは、パソコンからユーチューブまで、ケータイからアーカイブまで、その使い勝手がこれからの大きな課題になるでしょう。


――そのことを聞きたかったところです。


なにしろ、どんなものであれデジタル情報にしていけば、たちまち高速に動いて処理してくれるし、大容量の情報もそくざに捌《さば》いてくれる。そのこと自体はこんなに便利なことはないでしょう。とくにキーワード検索はどんなメディアよりも圧倒的優位を誇ります。

すでに『広辞苑』も何種類かの百科事典も、図鑑でさえウェブで引けますし、「ウィキペディア」に頼りさえすれば、いちいち書物を調べなくてもいいというユーザーもたくさんふえている。さらには、世界の大半はいまやグーグル・アマゾン型の「検索社会」になりつつあるというほどで、ウェブサイトにある情報や知識は、旅先ですら手元に引き寄せることが可能になっています。

こんなに多くの知識が高速に引っぱり出せるということは、十数年前まではまったく考えられてもいなかったことですね。だいいち、場所をとりません。本棚も必要がない。しかも入力機と出力機はいまはほとんど一体になっていますから、ノートパソコン一台あれば、どんなに長いブログでも書けるということになってきた。

こちらはオンリー一人、むこうはオール世界。それをキータッチひとつでなんとでもしてみせる。そういう感覚です。では、ここには懸念や問題がないのかといえば、そこはまだまだそうはいきません。

——どういうところですか。

ひとつには、ソフトウェアの作り方という問題が残ります。多くのソフトでは、知識や情報はピンポイントに引っぱり出されるために、自分がどのように「知の構造」と向きあっているかは、わからないんです。それを知っているのはソフト制作者とプログラマーで、ユーザーは「便利な検索」というユーザビリティを優先提供させられているぶん、その構造にはまったくかかわれない。

たしかに場所をとらないのは便利だし、モビリティ（運びやすさ）があるのもたいへん便利だけれど、その「場所」こそがもともとの「知」を支えてきたということが見えなくなっていくんです。これは問題です。ここは将来、「知の場所」を上手に見せていけるようなGUI（グラフィカル・ユーザー・インターフェース）などが必要でしょう。

もうひとつには、ピンポイントに検索しているということは、いちじるしく私たちの連想力を落としていることなんだということが、気づきにくくなっている。これも問題です。連想力は創造の基本です。すでに「アナロジー」の重要性を編集工学が重視していることを言っておきましたが、その連想力を育むソフトがなかなか作れていないのです。

むろん例外もあります。たとえば、情報学研究所の高野明彦さんが組んだ連想エンジン「GETA」はそこの解発《リリース》を狙っている。また同じ高野さんが、岩波新書などの新書のコンテンツをシステムにどこどこ入れて、これをキーワード検索させるのではなく、マップとして幅をもたせて取り出せるようにした「ウェブキャット」なども、そうした試みのひとつでした。

でも、いまのところ、そういうものはたいへんに少ない。連想的ではないんです。いまやどんな知識も、それがいかに膨大であれ、いかに専門的であれ、ちょっとした労力と資金を注げば「コーパス」としてデジタル情報になるのですが、それを入れておくしくみを外に見せることと、また、そこに行くルートに多様性と連想性が発揮されることが、ふたつながら組み合わせられないでいるからです。

ところが、これらは「読書」においては、へいちゃらなんですね。このような目で読書を見ることも重要です。

デジタルVS読書

――ついに二十一世紀の核心的な問題に入ってきました。まさにこれからは、デジタルシステムとアナログ思考がどのように婚姻できるかということです。

まあそうなんですが、さらに、もうひとつ、問題がありますね、それは、テレビ・ラジオ・新聞・雑誌などのメディアがそこにどうかかわってくるかということです。いまや多読

セイゴオのコンセプトで開発中。壮大な電子空間「図書街」

術は、これらすべてにかかわっている。

すでになんとなく感じてもらっていたと思いますが、ぼくは「読書」とは、すべての編集技術を駆使することであって、それゆえ、どんなメディアにおける「読書」もパラレルで、重層的になりうるべきだと思っているわけです。ですから、多読術もそのような様相を呈せざるをえない。そういう見方からすると、読書方法は他のメディアとの関連で考えたほうがおもしろいということになります。

——セイゴオさんは、これらのメディアのすべての融合が可能だと考えているわけですか。

それはまた、べつの話です。安易な「メディア統合」や「メディア融合」には、あまり展望はないでしょう。それというのも、「知」というものは空気の粒のように何にも所属しないで、どこかに浮いていられるものではないからです。「知」には必ずアドレスがあり、「場所」があり、つまりは「来し方・行く末」がある。

それを見失った統合や融合だったら、展望はありません。逆に、その「来し方・行く末」を見ていこうというのが、ぼくの編集読書なんです。

——といいますと？

コンピュータ・ネットワークが膨大な知識を内蔵していて、ユーザーがそのうちの適当な知識をブラウジングしてきたからといって、それはどこに行くかといえば、手元のPCに入るだけですね。

このとき、アーカイブやコーパスにある「知」は、いったん検索エンジンにひっかかってネットをびゅーっと進んでいって、今度は途中でハダカになってやってきます。そんな「知の姿」なんて、ありえない。通信回線の中の「知」は幻です。

そこでユーザーは、アーカイブから何かを引っぱってきたあとは、その「ハダカの知」を手元のPCでファイリングするしかないのですが、そこにはもはや「元の知の姿」はありません。アーカイブの知と端末の知は、関係がない。そのため、どんどん手元のファイルに入れていくしかなくなります。そのファイルは整理のためのタグをつけますが、そのタグはまたまた「元の知の姿」と関係が途切れたタグです。ここに問題がある。

さて、このことを「鳥の目」と「足の目」で見ます。そうすると、これってよくよく考えると、書物がとっているシステムやスタイルとは、かなり異なっていることがわかります。書物はそれを読んだ者がノートに書こうと、アタマに入れようと、その書物には「元の知の姿」は残っている。書物を読むということは、だからこそ書き手と読み手のあいだに秘密があるのです。

それゆえに前にお話したように、「書くモデル」と「読むモデル」の関係の重層性が大事なんです。そのあいだに「編集するモデル」を入れることが大事なんです。それを「鳥の目」でいうと、人類は、大きくは「音読」から「黙読」へ、さらに「黙読」から「デジ読」に変えてきた。それはいいでしょう。なんといってもイノベーションですからね。しかし、その大変化のたびに、そこには何かのあいだが変換したんだという自覚が必要です。

たとえば近代の黙読社会は「声」を失った。では、声を失ってどうなったのかご存知ですか。レコードやラジオによって、声を録音することにしたのです。ラジオで朗読劇が生まれたのです。作家は「声が出る文字」を書くシナリオライターに変じるようにもなった。

ぼくが、しきりに「読中」のマーキングを薦めたり、本をノートにしてみたらどうかと言ってきたのは、このあいだをこそなんらかの方法で編集的に、かつプロセス的に継承しようということなのです。だって古代に関する本は、そこに古代を綴《つづ》って、古代の地図を見せているのです。しかし、われわれは現在時点にいる。それならば、そのあいだに何かが継承されるべきなのです。その何かとは、ぼくは編集構造だろうと考えている。

けれどもデジタルシステムでは、いまのところ、この点が組み替えられないでいるんでしょうね。

——なぜでしょうか。

新たなしくみを思いついていないということがひとつ、もうひとつは、デジタル知にいろいろなキャリアとゲートができすぎて、そこに「有価性」と「所有性」が新たに発生したからでしょう。それもデジタルシステムは原則はすべてシームレスでグローバルですから、そういう飛びやすくて流通しやすい「知」にグローバル・キャピタリズムの申し子がいろいろくっつくことになった。

わかりやすくいえば、知のコンテンツは、メディア・ビジネスと知的所有権の溝にさいなまれつつあるということ、いや、あえて恐ろしくいえば、「知」はこれによって「知の通貨」に向かいつつあるということです。

これはね、「知」がどんどん平坦化する予兆です。コンピュータにいくら大容量の情報が入るといっても、それを画面に表示するには順に出すしかありません。キーワード検索すれば、たいていの情報は出てくるものの、それもアクセス・ランキング数などに頼って出てくるだけです。ということは、いつのまにか「知」もそういう順でしかユーザーにやってこないということになりかねません。

このような懸念がないのが「本」なんです。書物は一冊ずつがメディア・パッケージで、とりわけそのコンテンツはほぼ大半の本が「ダブルページ」(見開き)になっている。機種ごとに異なるということがない。それが一千年以上続いているわけです。そして、この「ダブルページ」が十冊、千冊、数万冊に向かえる「窓」なんですね。これはとうていPCやケータイにはムリです。

――大きな問題ですね。とうてい、ここで話が結ばれるというわけにはいかないですね。

そこは、ご随意に（笑）。でも、おそらくこのことは、みんながなんとなく承知していることです。

読書を仲間と分ち合う

――しかし、ここからうっかり「IT社会と読書」というほうに進みすぎては、この本の意図が過剰になりそうなので（笑）、それはまたべつの機会があるとして、最後に、ふたたび読書社会のほうに戻っていただけますか。

そうですね。そうしましょう。でも、これまでの読書社会というものも、この新たな問題に無縁ではいられないんですね。それをITとまぜこぜで考えるのは、いったんやめておきますが、では、旧来の読書社会の規範のなかで、このままでいいかというと、これまたそうでもないように思います。

――それは、どういうことですか。

たとえば、日本では取次店と再販制度の強さのために、欧米にはたくさんあるにもかかわらず、日本にはほとんど発達していないものがあります。それは「ブッククラブ」です。

　これは一種の読者組織です。もちろん本を読み、本を愛するためのアソシエーションやカンパニーなのですが、ここでは書物の購入と分配がおこなわれている。ドイツでは年間二〇〇〇万冊くらいがブッククラブ経由で売れていますし、アメリカの正確な数字は知らないのですが、そういうクラブがたくさんあって、おそらく一〇〇〇万人以上の会員がいるはずです。ブッククラブが購入する本を決めて、そこから書物がデリバリーされている。

　日本にも、たとえば「クレヨンハウス」のように、会員に絵本を選んでこれを送るというブッククラブはありますが、まだとても少数です。子供に絵本や童話を読み聞かせるブッククラブもあるけれど、一般向けのブッククラブはまだ活躍していない。

　実は最近、ドイツのベルテルスマンというメディア・コングロマリットの子会社のブッククラブ「ファンハウス」が、日本上陸を計画して新聞報道もされたことがあったけれど、これは日本の書籍市場から猛反対をくらって、潰《つい》えていますね。

　それから欧米では、実は「ギフト」が非常に発達していて、書物は贈りものとしても重視されている。『恋におちて』というロバート・デ・ニーロとメリル・ストリープの映画は、ニューヨークの書店で家族のためにギフト本を買ったそれぞれ見知らぬ二人が、それを落として取り違えて持ち帰り、ふたたび出会って恋に落ちるというストーリーですが、そうしたギフトとしての書物の文化が動いていることをうまく描いていた。

実際にもアメリカでは、クリスマス商戦としてのブロックバスター方式のギフト本の戦略によって、出版社は鎬《しのぎ》を削ります。

前にお話したように、ぼくはクリスマスに母親のサンタクロースから貰《もら》った本でめざめました。そういうこともあるのに、本をギフトとみなすという文化は、なぜ日本に育たないんでしょうかね。いっとき村上春樹の『ノルウェイの森』が赤と緑の表紙でギフト本としても注目されたことがあったけれど、たいへん稀《まれ》な例でした。バレンタインには本を贈ったほうがいいんじゃないですか。

このように、ブッククラブがないことと、本を贈りあう文化が日本に足りないことは、ちょっと不幸なことで、ぼくはこういうところにもこれからの読書社会や読書文化の未来がかかっていると思います。

――日本にブッククラブが発達しないのは、再販制度などの社会経済制度のほかに、何か原因がありますか。

そこはもっと調査したほうがいいことですが、ぼくなりにいくつか思い当たることがあります。

第一には、おそらくコミュニティと「意味の市場」がぷつぷつと断絶しているということですね。しかし、そのぶん地域の図書館や大型書店には大いに賑《にぎ》わっているところもあるのだから、読書社会がないというのではない。でも、「意味の市場」のあれこれとはつながっていないということです。

第二に、日本には「本は一人で読むものだ」と決めつけているところがありますね。まるで個人の睡眠や個人の休息のように読書体験があるものだと思っている。ブック・コモンズが成り立っていないんですね。これはひょっとすると、小学校や中学校でメディア・リテラシーやリーディング・リテラシーのことを軽視していることと関係があるんでしょう。いちいち欧米と比較するのはシャクですが（笑）、欧米では子供の教育は「多読」と「討議」においている。これは真似したほうがいいでしょう。

それとともにぼくは、こうしたリテラシー教育とともに、新たな「共読」のおもしろみをまず伝えていくといいのじゃないかと思っています。

第三には、本をリコメンデーション（おススメ）するしくみが発達していない。ほんとうは、中世日本の五山文化や同朋衆《どうぼうしゅう》にあらわれているように、日本にはさまざまな「推薦と推挙の文化システム」というものがあったんです。そのために目的別の「講」や「座」とともに、長期の知財に投資して、それを分有していくという「知識結《ちしきゆい》」などの「結《ゆい》」も発達した。茶の湯において「お道具」が発達し、さかんに高額で取り交わされることになったのも、日本的リコメンデーションのしくみです。

とくに江戸社会では「連《れん》」が誕生して、「好み」を共有するためにさまざまな表現文化をリコメンデーションしあっていました。浮世絵や朝顔や金魚などは、そういうなかで商品価値をもったのです。

ところが、それがすたれてしまった。それまでは日本流のリコメンデーション文化を推進する「目利き」たちがいて、またその存在にそれなりの敬意が払われていて、その「目利き」のステータスと、贈答・交換・流通・購買のしくみ、すなわち「価値のしくみ」が重なっていたのに、です。

——どうすればそういうしくみが再生できるんでしょうね。

やっぱり「書物の価値が大きいんだ」という原点に戻って、そこから「意味の市場」の流れを総点検するべきでしょうね。

かつてダニエル・ベルは『資本主義の文化的矛盾』という本で、政治が「公正」に追いやられ、経済が「効率」に追いやられたとき、文化は「価値」を矛盾をもってかかえざるをえないと言っています。よくよく吟味すべき言葉です。

それからピエール・ブルデューという今日のフランスの社会学者は、『資本主義のハビトゥス』などの一連の本のなかで、「人間であること、それは文化を身につけることだ」と書いたあと、そのような文化が維持され充実するためには、ソフト価値を制作するグループと配給を担うグループが合併してしまう危険に警鐘を鳴らしましたね。そのうえで、もしも今後の資本主義が書物の印刷と出版を擁護しなくなったなら、資本主義にも危機がくると書いています。

それからベネディクト・アンダーソンという人類学者は、『想像の共同体』などで、出版こそが資本主義をつくったのに、発展した高度資本主義は出版を無視しているといったことを書いている。このへんに、おおかたの問題はすでに発芽しているんじゃないですか。

読書は傷つきやすいもの

――話はとめどなく膨らみますが、では、このあたりで締めくくっていただきたい。最後に伺いたいのは、言い残したこと、言い足りなかったことを含めてのセイゴオさん自身の「まとめ」です。

なんだかうまく回されました（笑）。そうですね、いろいろのことをお話しましたが、いちばん言いたかったことは「読書は編集である」ということですね。一方、いちばん言い足りなかったことは、「読書はナイーブな行為である」「読書はフラジャイルである」ということです。

――ナイーブとかフラジャイルというのは、繊細で傷つきやすいということですか。

そうです。もっといえば、「恋心は定まらない」ということです。そこには挫折も失望も含まれている。読書はそれに似ているということですね。

子供は父親や母親が好きになったり、嫌いになったり、くっつきたいのに離れたくなったり、その逆だったりする。先生が大好きでも、先生に好かれていないと思いもする。それはすべて、樋口一葉の『たけくらべ』の信如と美登利のように、とてもアンビバレントなことですが、しかしそれが恋心というものです。そういう心境のとき、言葉は香りにもなるし、毒にもなる。それがナイーブでフラジャイルな傷つきやすさというものです。読書というのもそういうところがある。

なぜなのか。これは決定的なことですが、そこには「他者」がかかわっているからです。読書は他者との交際なのです。

これまで、本には「書くモデル」と「読むモデル」が重なっているんだという見方を何度かしてきましたが、それは本を読むということは、他者が書いたり作ったものと接するということだったからです。それを一言でいえば、「読書は交際である」ということです。

しかし、その交際はとても微妙で、どぎまぎしたものを含んでいる。いや、そうでなくては、読書はつまらない。だからぼくの読書術があるとすると、その根底には、何かぎりぎりのところで他者に攫《さら》われてもいいと思っているという感情があるわけです。けれども、その感情はとてもナイーブなので、自分のコンディションがかかわるし、また、なれなれしく読みたいとも思わない。それゆえに、ついつい恋心がゆらゆら動くような読み方をすることになり、それをさまざまに求めるために、それで多読にもなるのです。そこをいま一度、強調しておきたいですね。

私たちの感情というものは、けっして頑丈なものではありません。たいそう変化しやすいところがある。また屹立《きつりつ》しそうになったり、崩れそうになったりもする。しかし、だからこそ、その屹立と崩壊の境い目に私たちの共感が向かうのですね。ということは、ここには「正の領域」も「負の領域」もあるということです。

この両方が境い目におこるだろうことを求めて、ぼくは本を読んできたのです。それを「ナイーブ・リーディング」とか「フラジャイル・リーディング」と名付けてでもいいと思いますが、それは自分の中に欠如や不足や穴ぼこができるかどうかという、ちょっとすれすれの読み方です。

――そういう感情というか、感覚にはいつごろ気づいたんですか。

最初からだったような気がしますね。『ノンちゃん雲に乗る』からじゃないですか。ただ、このようなことがぼく個人に特有なことなのか、それとも多くの人に特有されていることとなのか、それともぼくが変なのか、そこはわからない。

ただ、ひとつ言えるのは、これまでぼくは何十冊、何百冊の本のなかで、この感情をもちえたのだから、それを用意してくれた「他者」にも、そのことがいつも出入りしているのだろうということです。それがやまないかぎり、ぼくにとっては書物は、いままさに羽化をしようとしている蟬であって、いままさに雨が降りそうな空模様なんです。

――どうも、ありがとうございました。

あとがき

珈琲を手にとる前に

一九四〇年に刊行されたアドラーとドーレンの『本を読む本』に、シントピカル・リーディングという読書法が紹介されている。たいへん話題になった。学習読書、点検読書、分析読書の順をへてシントピカル・リーディングをしてみるといいという指南だ。二冊以上の本を関連させながら読むという方法で、いわば多読術に当たっている。

ただし『本を読む本』の指南はきわめてロジカルで、質問を明確にせよ、主題的関連性を発見せよ、弁証法的に読めなどというふうになっている。つまりサブジェクトを見極めるための説得型あるいはディベート型読書法なのである。

ぼくが本書でおススメした多読術は、そういうものではない。うんと柔らかい。もっと認知関係的で、かなりパフォーマティブで、プロセス的で、きわめて編集的なのだ。これは、もちろんぼくの体験にもとづいているのだが、いいかえれば、第一には読書というものを生活体験と連動させ、第二には本を「意味の市場」のなかに位置づけ、第三には読書行為を知的な重層作業というふうに捉《とら》えたからである。

ぼくは、自分が試みてきた経験にもとづいて、さまざまな読書プロセスの特色を「書き手と読み手と売り手のあいだ」に拡張したわけなのだ。読前・読中・読後を分断することなくつなげたといってもいい。おそらく、このような読書論はかつてあまりなかったと思われる。それを本書では、食読とか感読とか共読とかとも名付けておいた。

われわれは珈琲《コーヒー》を飲むとき、その中身にはすぐに入らない。まずはコーヒーカップに手をのばし、そのとき把手《とって》のかたちに手指のかたちを合わせつつ、カップをしっかりと手繰り寄せ、そして口元を飲む状態にすぼめて、しかも自分で味わえる量に分けつつ飲んでいる。それが缶コーヒーならば鷲摑《わしづか》みだし、パックであればストローで飲む。本を読むにもそういうアフォーダンスがあるはずなのである。途中でサンドイッチをほおばるときは、さらにまた新たな手法を組み合わせているわけだ。

読書を神聖なものだとか、有意義なものだとか、特別なものだと思わないほうがいい。読書はもともと多様なものだ。だから、本は「薬」にもなるが「毒」にもなるし、毒にも薬にもならないことも少なくない。読書はつねにリスクを伴うと思ったほうがいい。読書を愉快にさせるのは、読み手次第なのである。書き手だって、いい本を書いているとはかぎらない。

だからといって、著者の責任と読者の責任が半々なのではない。著者三割、読者三割、制作販売三割、のこり偶然が一割という相場だろう。それゆえ本を読むにあたっては、読者自身が自分の得意な作法に照らし合わせ、会得しやすい柔軟な方法を身につけることをススメたい。それにはむしろ最初から多読的に遊んでみるほうがおもしろいはずなのだ。

そんな見方もあるので、本書ではあえて筑摩書房の編集担当者である高田俊哉さんに聞き出し役になってもらった。ロジカルにならず、といってノウハウばかりにもならず、しかもぼくの体験談を引っぱり出してもらうには、とてもよかったと思っている。けっこうラディカルな方法も紹介したが、わかりやすくなった。もっともひとつだけ注文がある。この「あとがき」から読んだ読者は、いったん「目次」に戻って、中身を想像していただきたい。なぜそういう読み方をススメるかということを、本書は本文で述べているわけなのである。

ちくまプリマー新書

451
つながる読書
――10代に推したいこの一冊
小池陽慈編
SNSでつながった読み書きのプロたちが、10代に読んでほしい一冊を紹介しあう。人それぞれの思いが、言葉に乗り織りなされていく。君も本で他者とつながろう！

160
図書館で調べる
高田高史
ネットで検索→解決の、ありきたりな調べものから脱出するには。図書館の達人が、基本から奥の手まで、あなたにしかできない「情報のひねり出し方」を伝授します。

339
若い人のための10冊の本
小林康夫
本とは、世界の秘密へと通じる扉の鍵を、私たちに与えてくれるもの。いったいどんな読書をすれば、そこに辿りつけるのか？　あなただけにこっそり教えます。

408
難しい本を読むためには
山口尚
ページを開いてもわからないものはわからない。そんな本に有効なのは正攻法の読み方だ。キーセンテンスの探し方から読書会まで、いままでにない読書法を教えます。

329
何のための「教養」か
桑子敏雄
単なる〝飾り〟か、それとも〝命綱〟か。教養の力で人びとの合意形成を図る「地を這う哲学者」が斬り込む。すぐれた選択を導く知、思慮深さとはどういうもの？

ちくまプリマー新書

417
「覚える」と「わかる」——知の仕組みとその可能性
信原幸弘
覚えた！わかった！と素朴に使うけど、その時、人間のなかでなにが起きているのか。丸暗記、真似る、理解といった働きから、批判的思考や知の可能性までを探る。

105
あなたの勉強法はどこがいけないのか？
西林克彦
勉強ができない理由を、「能力」のせいにしていませんか？「できる」人の「知識のしくみ」が自分のものになる方法を、認知心理学から、やさしくアドバイスします。

439
勉強ができる子は何が違うのか
榎本博明
学力向上のコツは「メタ認知」にある。自分自身を客観的に認識する能力はどのようにして鍛えられるのか？勉強ができるようになるためのヒントを示す。

285
人生を豊かにする学び方
汐見稔幸
社会が急速に変化している今、学校で言われた通りに勉強するだけでは個人の「学び」は育ちません。本当の「学び」とは何か。自分の未来を自由にするための一冊。

276
はじめての哲学的思考
苫野一徳
哲学は物事の本質を見極める、力強い思考法を生み出してきた。誰もが納得できる考えに到達するためのその思考法のエッセンスを、初学者にも理解できるよう伝える。

ちくまプリマー新書 106
多読術《たどくじゅつ》

二〇〇九年四月十日　初版第一刷発行
二〇二四年九月十五日　初版第十四刷発行

著者　松岡正剛（まつおか・せいごう）

装幀　クラフト・エヴィング商會

発行者　増田健史

発行所　株式会社筑摩書房
東京都台東区蔵前二－五－三　〒一一一－八七五五
電話番号　〇三－五六八七－二六〇一（代表）

印刷・製本　株式会社精興社

ISBN978-4-480-68807-1 C0200　Printed in Japan